Walter Edelmann
Suggestopädie / Superlearning

Walter Edelmann

Suggestopädie / Superlearning

Ganzheitliches Lernen – das Lernen der Zukunft?

3. Auflage 2000

Roland Asanger Verlag Heidelberg

Der Autor:
Walter Edelmann, Dr. phil., Dipl.-Psych., Jahrgang 1935, ist Professor für Psychologie an der Technischen Universität Braunschweig.

CIP-Titelaufnahme der Deutschen Bibliothek

Edelmann, Walter:
Suggestopädie, Superlearning : ganzheitl. Lernen – d. Lernen d. Zukunft? / Walter Edelmann. – Heidelberg : Asanger, 1988
ISBN 3-89334-142-0

3. Auflage 2000

Umschlaggestaltung: Doris Bambach / Ingrid Decher
Printed in Germany
ISBN 3-89334-142-0

Inhalt

Einleitung

Es ist eigentümlich schwierig, die Begriffe *Suggestopädie* und *Superlearning* voneinander abzugrenzen. Das suggestopädische Lehrverfahren wurde von *Lozanov* in Sofia entwickelt. In den USA wurde die Methode mit gewissen Veränderungen u.a. als Suggestopedy und als Superlearning bezeichnet. Heute werden beide Begriffe häufig gleichbedeutend verwendet. Die Bezeichnung Suggestopädie ist jedoch vorzuziehen, da sie einerseits mit dem Namen *Lozanovs* verbunden ist und eine Sachaussage enthält und andererseits nicht in dem Ausmaß unrealistische Erwartungen weckt wie die Rede vom Super-Lernen.

Im Zusammenhang mit Suggestopädie werden häufig stereotype Auffassungen über das öffentliche Schulwesen geäußert. Unter einem Stereotyp versteht man hier eine stark vereinfachte, schematisierte und verzerrte Wahrnehmung einer Institution oder von Personen.

„Lernen... ist anstrengend. Wenn man nicht das Glück hat, einen guten, engagierten Lehrer zu bekommen, dann ist das Lernen doch meistens eine Qual. Die Schulzeit besteht größtenteils aus stupider Büffelei, aus einem Frage- und Antwortspiel, bei dem Fakten gelernt und wiedergegeben werden – und nur in Ausnahmefällen entsteht aus all diesen Einzelinformationen ein Gesamtbild" (Nuber 1986, S. 58).

Was kann getan werden? Nur eine neue „revolutionäre Lernmethode" – nämlich die Suggestopädie bzw. das Superlearning – kann Abhilfe schaffen.

„Traditioneller Unterricht ist, wenn der Lehrer nur ein einziges Instrument benutzt, nämlich die Pauke. Suggestopädischer Unterricht ist, wenn der Lehrer ein ganzes Symphonieorchester zur Verfügung hat" (scherzhaft gemeinte Definition aus „Neues Lernen Journal" 1/87).

Wenn man sich von diesem naiven Bild nicht stören läßt, kann man weiter fragen: Warum ist die neue Methode so erfolgreich?

„Superlearning hat das Ziel, den biologischen und psychologischen Eigenschaften des menschlichen Gehirns und des menschlichen Zentralnervensystems möglich gerecht zu werden... Mit unseren herkömmlichen Lernmethoden versuchen wir, dem Gehirn beizubringen, wie es zu funktionieren hat... Wir erreichen damit, daß wir lediglich 4% unseres geistigen Potentials nutzen" (Werbecassette: Die Superlearning-Methode). Andere Autoren sprechen davon, daß wir nur 10% bzw. 20% unserer geistigen Kapazität ausschöpfen.

Wie lassen sich nun die restlichen 96% oder 90% oder 80% Reserve-Kapazität mobilisieren?

„Beim Lernen nach traditionellem Muster wird vielfach vorwiegend die linke Gehirnhälfte angesprochen. Die rechte Hälfte bleibt dagegen weitgehend ungenutzt... Beim Superlearning versuchen wir nun deshalb, auch die Aktivierung der rechten, kreativen Hälfte des Gehirns zu ermöglichen“ (aus einer Werbebroschüre).

Was muß man tun, um die rechte Hirnhälfte zusätzlich oder verstärkt zu aktivieren?

„*Lozanov* strukturiert mit dem Einsatz von Musik, Entspannung, Imagination, Psychodrama und Suggestion den Unterricht so, daß mehr Bereiche des Gehirns als üblich stimuliert werden“ (*Schuster/Gritton* 1986, S. 83).

Worin bestehen nun die Erfolge der neuen Methode?

„Hohes Lerntempo – hohe Behaltungsleistung.“ „Die Superlearning-Gruppe hatte also für die gleiche Stoffmenge nur ein Drittel der Lernzeit benötigt. Dies sind erstaunliche, hervorragende Ergebnisse... Aus den positiven Ergebnissen kann man folgern, daß durch Superlearning kreative Kräfte und geistige Reserven aktiviert werden. Darüber hinaus können sich positive Einflüsse auf die körperlich-seelische Gesundheit und die innere Harmonie des Lernenden ergeben“ (aus einer Werbebroschüre).

Was muß man tun, um diese außergewöhnlich effektive Methode zu nutzen?

Seriöse und unseriöse Firmen unterbreiten dem Lernwilligen eine Vielzahl von Angeboten im Bereich des Fremdsprachenlernens. Intensivkurse von fünf bis acht Tagen Dauer mit acht bis zehn Stunden Unterricht pro Tag kosten etwa 750,– bis 2.000,– DM. Cassettenprogramme und „Lernmasken“ etwa 200,– bis 600,– DM.

Was soll man von den Versprechungen „revolutionäre Lernmethode“ und „Anfänger lernen 1100 Vokabeln in einer Woche“ halten?

Es scheint sinnvoll zu sein, sich über die Suggestopädie bzw. das Superlearning und die Leistungsmöglichkeiten dieser Methode zu informieren.

Diese bewußt etwas polemisch formulierte, aber tatsächlich verbreitete Argumentationsfigur im Rahmen der Vermarktung der suggestopädischen Methode des bulgarischen Therapeuten und Pädagogen *Lozanov* gibt den Rahmen für das vorliegende Buch ab. Zunächst soll die Hemisphärenspezialisierung unseres Gehirns etwas näher betrachtet werden. Es schließt sich eine Beschreibung der ursprünglichen Methode und einiger amerikanischer und deutscher Varianten an. Besonderer Wert wird auf empirische Befunde zu den behaupteten Ergebnissen gelegt. Von Interesse ist auch die Frage, welchen Beitrag die Suggestopädie zu einer veränderten Auffassung von menschlicher Informationsverarbeitung leistet.

1. Kapitel: Einige hirnbiologische Aspekte von Lernen und Gedächtnis

Eine Reihe von Autoren unterstellt, daß durch den schulischen Unterricht vorrangig die linke Hemisphäre unserer Großhirnrinde aktiviert wird. Die behaupteten verbesserten Lern- und Gedächtnisleistungen durch das suggestopädische Lernverfahren werden in erster Linie mit der zusätzlichen bzw. verstärkten Aktivierung der rechten Hemisphäre begründet.

Dieses Kapitel gibt zunächst einen sehr vereinfachten Überblick über unser Nervensystem, wobei die Strukturen und Funktionen des Cortex (Großhirnrinde) eine besondere Beachtung finden. Nach der Besprechung der unterschiedlichen Funktion der beiden Hemisphären der Großhirnrinde folgen einige Anmerkungen über cortiale und subcortiale Strukturen, die bei Lernen und Gedächtnis eine wichtige Rolle spielen.

Lernen und Gedächtnis werden sehr wahrscheinlich durch eine doppelte Integration optimiert: Das Zusammenwirken der linken und rechten Hälfte der Großhirnrinde sowie die Interaktion zwischen corticalen und subcorticalen Strukturen.

Das Kapitel gliedert sich in folgende Abschnitte:
1. Überblick über das menschliche Nervensystem
2. Die Großhirnrinde (Cortex)
3. Unterschiedliche Funktion der beiden Hemisphären
4. Gibt es ein linkshemisphärisches und ein rechtshemisphärisches Denken?
5. Lernen und Gedächtnis.

1.1 Überblick über das menschliche Nervensystem

1.1.1 Aufbau der Nervenzellen

Das menschliche Nervensystem gliedert sich in das periphere Nervensystem (z.B. Sinneszellen) und in das Zentralnervensystem (Gehirn und Rückenmark). Das *Zentralnervensystem (ZNS)* setzt sich aus etwa 100 Milliarden *Nervenzellen (Neuronen)* zusammen. Nur etwa 25 Millionen verbinden die Peripherie unseres Körpers mit dem ZNS.

Die Nervenzelle (Abb. 1) besteht aus einem Zellkörper, dem *Soma* mit dem Zellkern, sowie verschiedenartigen Fortsätzen, den *Dendriten* und dem relativ langen *Axon* (Nervenfaser).

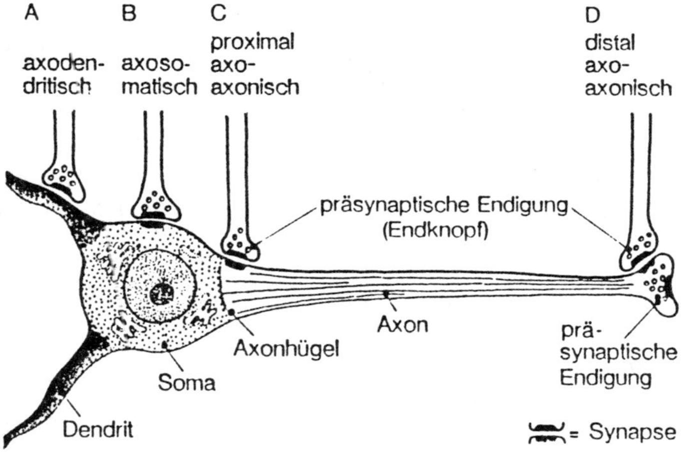

Abbildung 1: Nervenzelle (Neuron) (aus: Dudel 1985, S. 2)

Die einzelnen Nervenzellen sind durch *Synapsen* vielfältig miteinander verknüpft (Abb. 2).

Dabei sind die synaptischen Endkolben von der Oberfläche des Neurons durch einen äußerst schmalen Spalt getrennt (synaptischer Spalt). Das Nervensystem ist also wirklich aus isolierten Nervenzellen (Neuronen) aufgebaut.

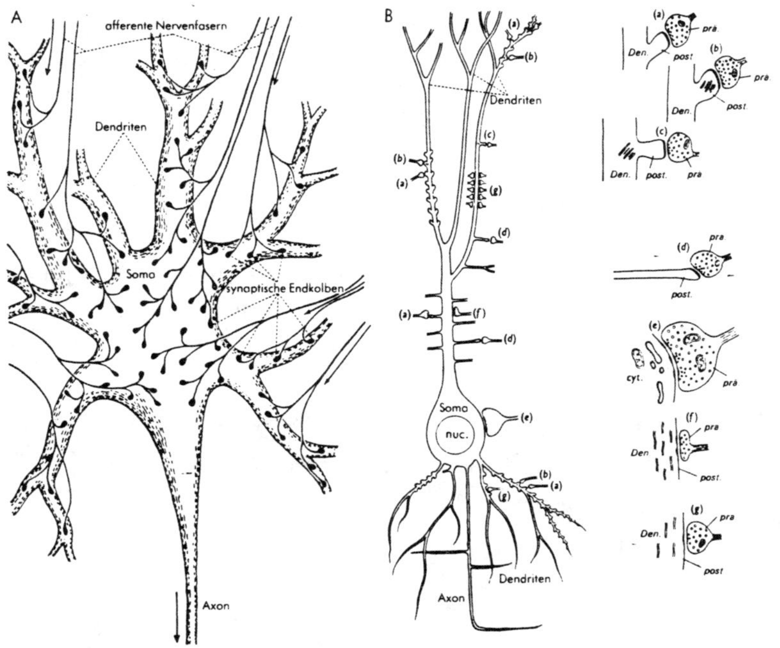

Abbildung 2: Besonders die Dendriten sind mit zahlreichen anderen Nervenzellen durch Synapsen verbunden (aus: Eccles 1979, S. 21)

1.1.2 Erregungsübertragung von Zelle zu Zelle

Die Nervenzellen sind auf Übermittlung und Verarbeitung von Informationen spezialisiert. Mit Hilfe der Dendriten werden die ankommenden elektrischen Signale empfangen und längs der Nervenfaser weitergeleitet. Erreicht ein solches elektrisches Potential die Synapse am Ende eines Axons, dann wird in den synaptischen Spalt eine Überträgersubstanz *(Transmitter)* freigesetzt, wodurch es in der benachbarten Zelle entweder zur Erregung oder Hemmung eines elektrischen Potentials kommt.

Bestimmte Nervenzellen nehmen solche Informationen über Synapsen von den Rezeptoren der Sinnesorgane auf, andere leiten sie dann im Axon über mehrere Zwischenstationen bis zu einem Zentrum weiter *(afferente Bahn)*. Nach einer zentralnervösen Verarbeitung kann u.U. der Nervenimpuls auf einem ähnlichen Weg bis zu den Effektoren (Muskel- oder Drüsenzellen) gelangen *(efferente Bahn)*.

In ähnlicher Weise, wie sich der Nervenimpuls von einer Zelle zur anderen fortpflanzt, arbeiten auch ganze Zellverbände in den Kern- und Rindenstrukturen des Gehirns, wobei für eine effektive zentralnervöse Integration Erregung und Hemmung gleichermaßen wichtig sind. Neuronen-Netzwerke (d.h. Schaltkreise ähnlich wie in einem Computer) dienen einerseits dazu, schwache Signale zu verstärken und andererseits dazu, überstarke Impulse zu dämpfen. Dies ist u.a. deswegen nötig, weil Nervenimpulse meist in einem ganzen Bündel von Nervenbahnen weitergeleitet werden.

1.1.3 Integrative Funktion des Zentralnervensystems

Die Nervenzellen sind die *Bausteine* unseres Nervensystems. Die Integration und Verarbeitung der elektrischen Impulse erfolgen in *zentralen Strukturen* unseres Nervensystems, die untereinander wieder in vielfältigen Verbindungen stehen (Abb. 3).

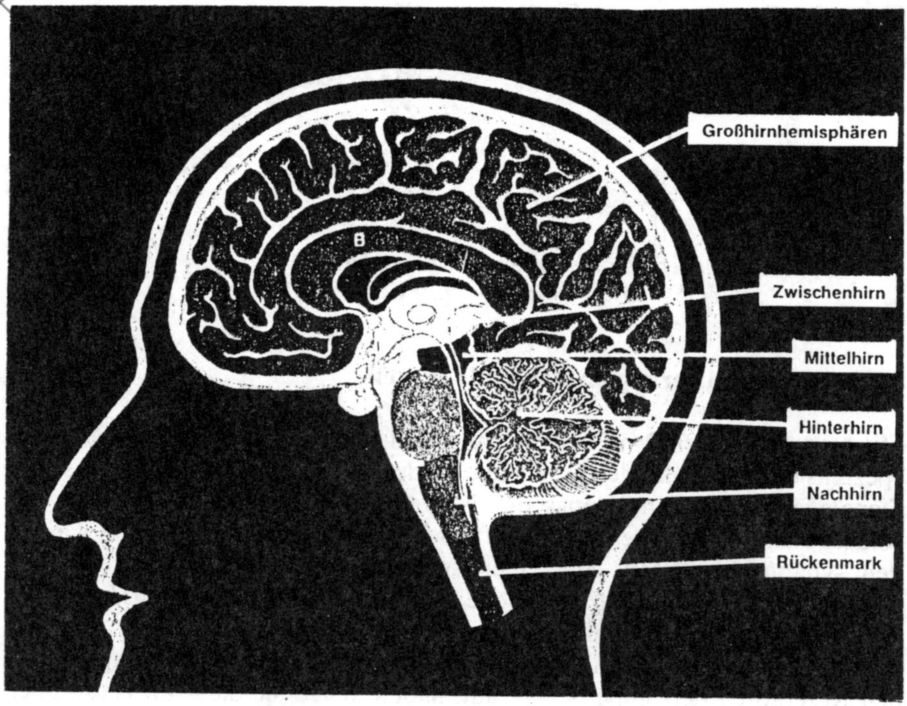

Abbildung 3: Einige Bereiche des Zentralnervensystems (aus: Legewie/Ehlers 1972, S. 28)

Im folgenden soll die *Großhirnrinde (Cortex)* etwas ausführlicher behandelt werden. Sie ist eine stark gefaltete, etwa ein Millimeter dicke Schicht von Nervengewebe und bildet die äußere Hülle der beiden Großhirnhälften oder Großhirnhemisphären (Abb. 4).

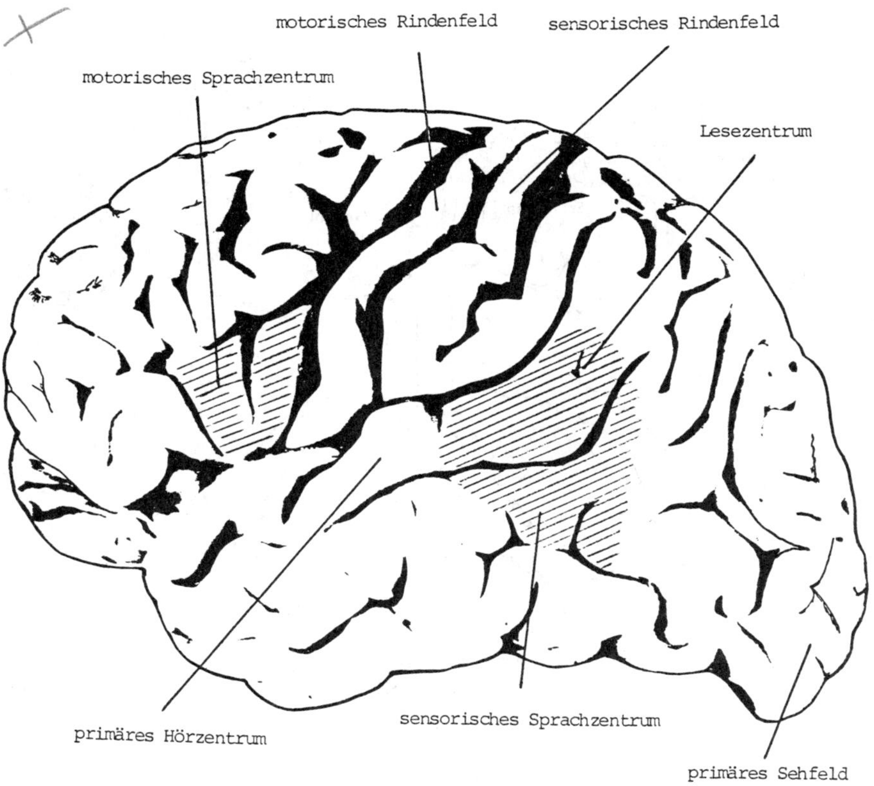

Abbildung 4: Großhirnrinde der linken Hemisphäre

1.2 Die Großhirnrinde (Cortex)

1.2.1 Verarbeitung der Sinneseindrücke und Steuerung der Bewegungen

Eine der wichtigsten Aufgaben der Großhirnrinde ist die Verarbeitung der Sinneseindrücke und die willkürliche Steuerung der Bewegungen.

Die Sinnesorgane übermitteln dem Gehirn durch kodierte Impulse Informationen über Ort und Intensität des Reizes. Jeder Sinn hat auf der Großhirnrinde ein Projektionsfeld *(sensorisches Rindenfeld).*

Zur willkürlichen Steuerung der Körperbewegungen verfügen wir außerdem über ein *motorisches Rindenfeld* (Abb. 5).

Jedem Körperteil kann also ein bestimmter Bereich dieser Rindenfelder zugeordnet werden. Die einzelnen Körperteile verfügen über unterschiedlich große Projektionsareale auf den sensorischen und motorischen Rindenfeldern.

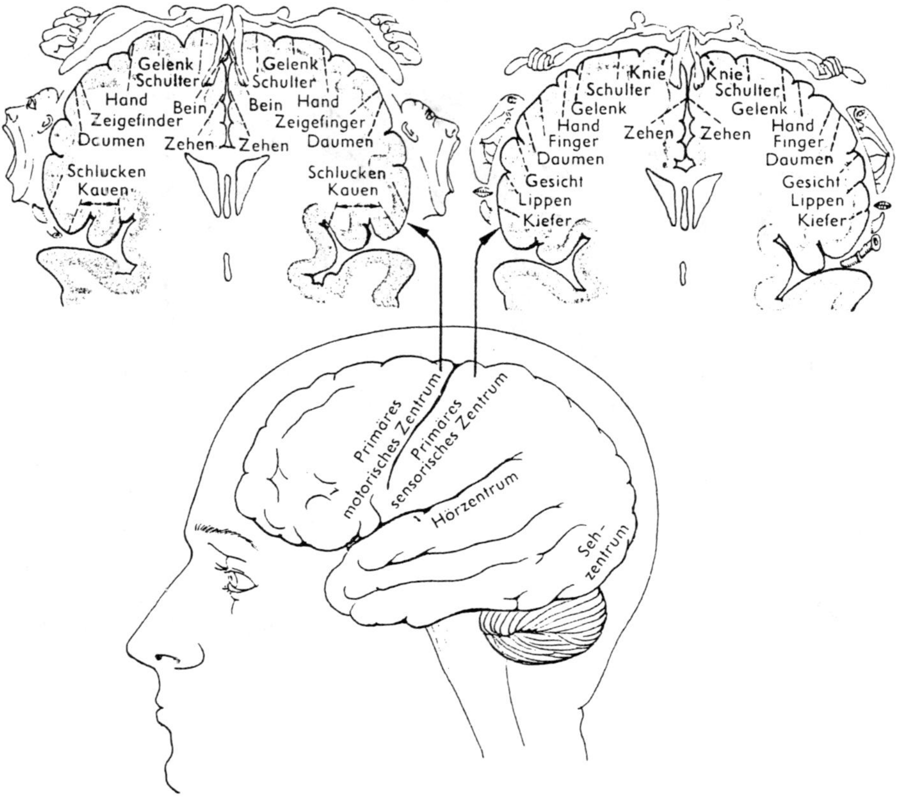

Abbildung 5: Veranschaulichung des sensorischen und des motorischen Rindenfeldes durch Projektion des gesamten Körpers auf die Hirnoberfläche (aus: Ruch/Zimbardo 1975, S. 64)

Dieses ist nicht von der Größe des Körperteils, sondern von der Sensibilität der Sinnesorgane bzw. der notwendigen Präzision der Steuerung abhängig. Hierdurch entsteht die Verzerrung in Abbildung 5 (sensorischer und motorischer Homunculus).

1.2.2 Funktionelle Symmetrie

Die Mehrzahl der sensorischen und motorischen Regionen ist *symmetrisch* angeordnet, d.h. sie finden sich auf jeder Hirnhälfte (Hemisphäre).

Den sensorischen und motorischen Rindenfeldern jeder Hirnhälfte sind die gegenüberliegenden Körperhälften zugeordnet. Die meisten Nervenfasern *von* den Sinnesorganen und *zu* den Muskeln überkreuzen sich.

Die (teilweise) Kreuzung der Sehnerven im *Chiasma opticum* führt beispielsweise dazu, daß das rechte Gesichtsfeld beider Augen auf die Sehrinde in der linken Hirnhälfte projiziert wird und das linke Gesichtsfeld beider Augen in die rechte Hirnhälfte. Außerdem wird beim Schreiben die rechte Hand in der linken Hirnhälfte programmiert. Dies veranschaulicht Abbildung 6.

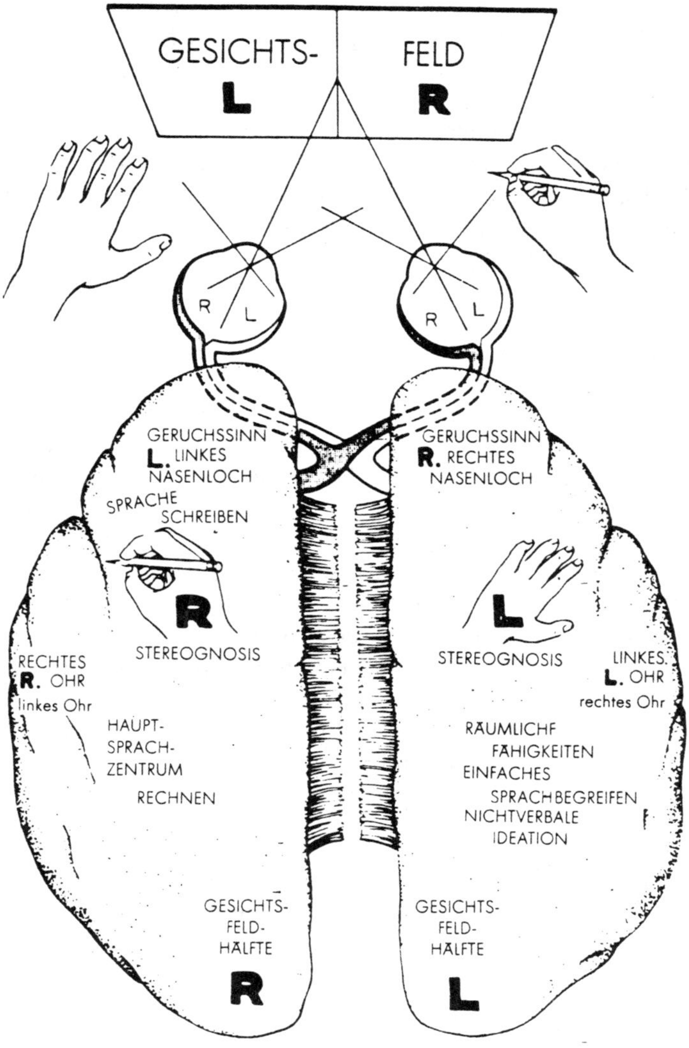

Abbildung 6: Den sensorischen und motorischen Rindenfeldern jeder Hirnhälfte sind die gegenüberliegenden Körperhälften zugeordnet (aus: Popper/Eccles 1982, S. 385)

1.2.3 Funktionelle Asymmetrie

Einige Funktionen sind dagegen *asymmetrisch* nur einer Hirnhälfte zugeordnet.

In der linken Großhirnrinde befinden sich beispielsweise die Sprachzentren. Es sind dies das vordere Sprachzentrum (*Broca*sche Sprachregion) und das hintere Sprachzentrum (*Wernicke*sche Sprachregion). Ist das vordere (motorische) Sprachzentrum gestört, dann ist das Sprachverständnis noch intakt, der Patient spricht aber spontan fast nicht, ist das hintere (sensorische) Sprachzentrum beeinträchtigt, dann ist das Sprachverständnis extrem gestört, das spontane Sprechen des Patienten ist aber flüssig.

Die *Sprachzentren* befinden sich bei etwa 98% aller Menschen in der linken Hemisphäre. Dies hat nichts mit Rechts- oder Linkshändigkeit zu tun. Auch die meisten Linkshänder haben ihre Sprachzentren in der linken Hemisphäre.

Ein weiteres Beispiel für die funktionelle Asymmetrie ist die bevorzugte Benutzung einer Hand. Beim Menschen gibt es nur etwa 9% Linkshänder.

1.2.4 Zusammenfassung

Wenn die neuronalen Nachrichten die Großhirnrinde erreicht haben, entstehen Wahrnehmungen (z.B. Hören von Sprache, Sehen von Objekten, Körperempfindungen) und werden willentliche motorische Aktivitäten möglich (z.B. Beugen eines Fingers). Festzuhalten ist, daß es sich hierbei um ein komplexes Zusammenspiel von corticalen und subcorticalen Strukturen handelt. Die Mehrzahl der sensorischen und motorischen Rindenregionen ist symmetrisch angeordnet, d.h. sie finden sich auf jeder Hirnhälfte. Ihnen ist jeweils die andere Körperseite zugeordnet. Manche sensorischen und motorischen Areale, beispielsweise die Sprachzentren, sind asymmetrisch nur einer Hirnhemisphäre zugeordnet.

Bewußtsein, sowohl hinsichtlich des Empfangens von Informationen aus der Welt als auch hinsichtlich des Handelns, ist sehr wahrscheinlich eng mit den in der linken Hirnhälfte gelegenen Sprachzentren verbunden.

1.3 Unterschiedliche Funktionen der beiden Hemisphären

1.3.1 Die Split-Brain-Patienten

Wichtige Einsichten in die hirnbiologischen Grundlagen des Bewußtseins haben Untersuchungen an Patienten mit schwersten epileptischen Anfällen ergeben. Bei etwa 20 dieser Patienten wurde operativ der Balken (Corpus callosum), der die linke mit der rechten Hirnhälfte verbindet, durchtrennt *(Split-Brain-Patienten)*. Das *Corpus callosum* besteht aus etwa 200 Millionen Nervenfasern, so daß beim gesunden Menschen die beiden Hemisphären wirkungsvoll miteinander verbunden sind (Abb. 7).

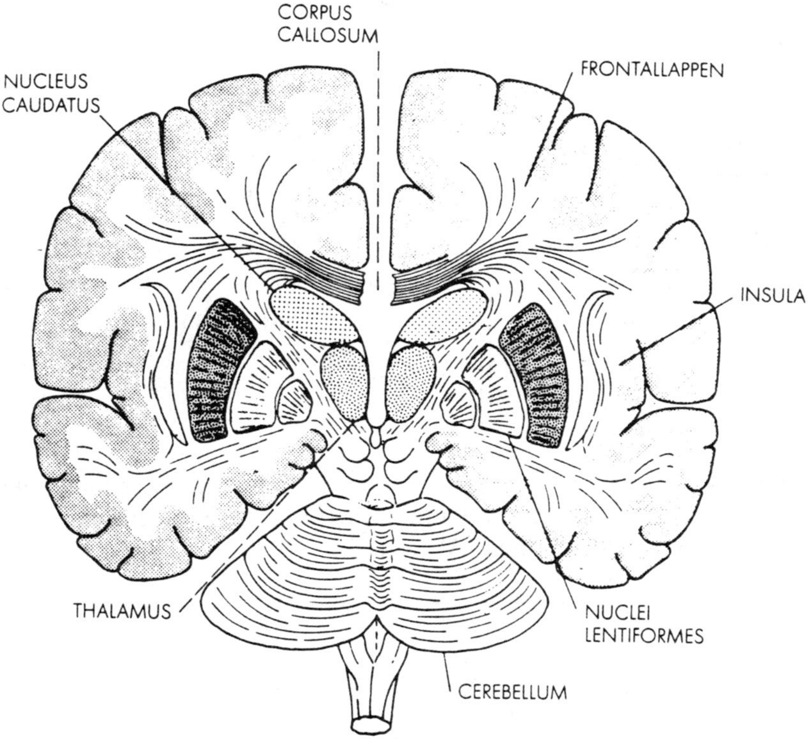

Abbildung 7: Trennung der beiden Großhirnhemisphären infolge der Durchtrennung des Corpus callosum im Primatenhirn nach Sperry (aus: Popper/ Eccles 1982, S. 381)

Sperry und seine Mitarbeiter stellten fest, daß das Verhalten der Patienten mit dem „gespalteten Gehirn" nach der Operation im Alltag unauffällig war, es konnten aber erhebliche Unterschiede in der Leistungsfähigkeit der beiden Hirnhälften nachgewiesen werden.

1.3.2 Die Experimente von Sperry

In einer ersten Versuchsreihe fixiert die Versuchsperson ihren Blick auf den zentralen Punkt einer Leinwand (Abb. 8).

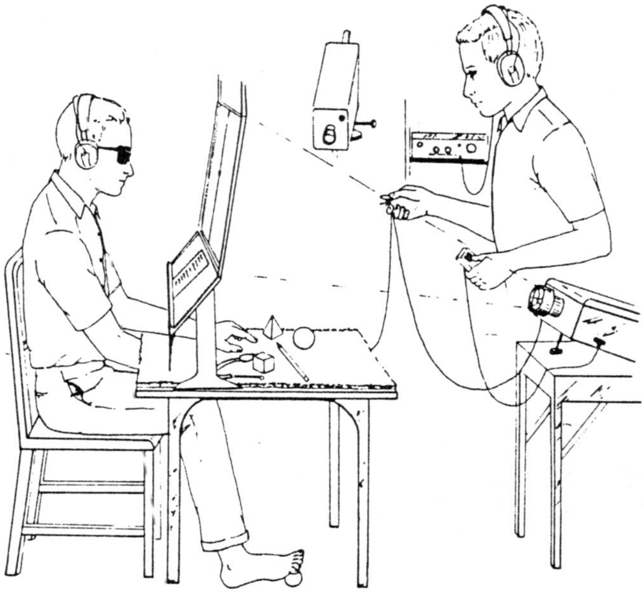

Abbildung 8: Versuchsanordnung in den Experimenten von Sperry (aus: Sperry 1970, S. 125)

Auf die linke oder rechte Seite dieser Leinwand kann für eine Zehntelsekunde ein Signal geblitzt werden, z.B. kann auf dem *linken* Gesichtsfeld das Wort „Schraubenmutter" erscheinen (Abb. 9).

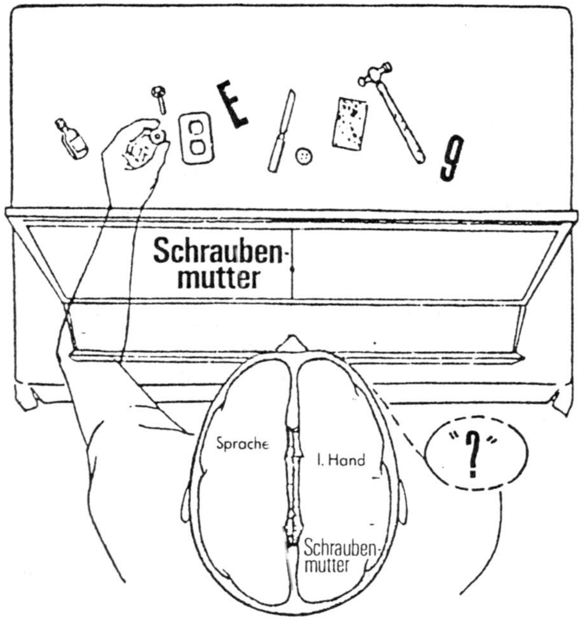

Abbildung 9: Leistungen eines Split-Brain-Patienten (aus: Eccles 1979, S. 267)

Der Schriftzug „Schraubenmutter“ im linken Gesichtsfeld wird in die rechte Hemisphäre projiziert und dort wird die linke Hand programmiert. Der Split-Brain-Patient kann mit seiner linken Hand, die während des ganzen Vorgangs durch einen Schirm der Sicht entzogen ist, unfehlbar die Mutter aus einer Kollektion von Gegenständen ergreifen. Dies gelingt ihm nicht mit der rechten Hand.

„Das Interessante ist nun aber, daß die Versuchsperson, wenn sie befragt wird, nichts von dem weiß, was vorgeht. Das Signal auf das linke Gesichtsfeld wurde nicht gesehen, und es ist nicht bewußt, was die linke Hand sucht oder findet. Die Versuchsperson gibt entweder zu, daß sie es nicht weißt, oder sie äußert blindlings eine Vermutung, wie durch Fragezeichnen angedeutet wird“ (*Eccles* 1979, S. 266).

Die Leistungen der rechten Hemisphäre sind erstaunlich: Lesen eines Wortes, Erkennen des bezeichneten Gegenstandes, Ergreifen mit der linken Hand. Dies alles findet statt, ohne daß die Versuchsperson etwas von dem Vorgang weiß.

Bei dieser Versuchsanordnung ist streng darauf zu achten, daß die Versuchspersonen ihre Augen nicht bewegen, damit das Signal nur im linken Gesichtsfeld aufgefaßt wird.

Wie weitgehend die Trennung der beiden Hemisphären bei Split-Brain-Patienten ist, zeigt das folgende Experiment (Abb. 10).

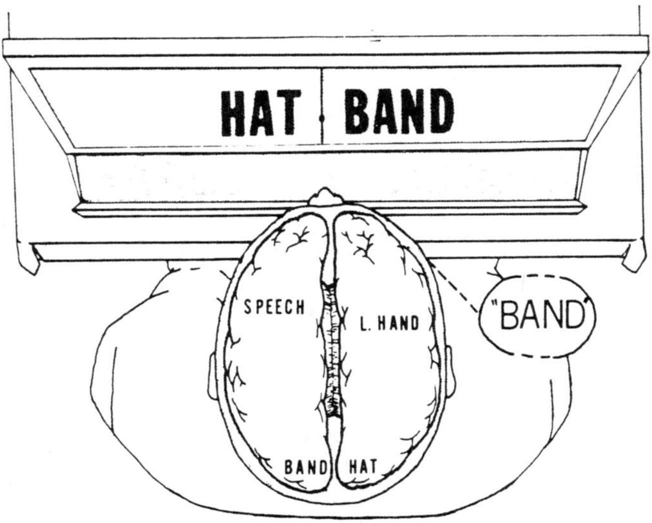

Abbildung 10: Ein weiteres Experiment von Sperry (1970, S. 126)

Auf die Leinwand wird das Wort „HAT BAND“ (Hutband) so geblitzt, daß „HAT“ zur rechten Hemisphäre geleitet wird und „BAND“ zur linken mit den Sprachzentren. Befragt man die Versuchsperson, welches Wort sie gesehen hat, so antwortet sie „BAND" und hat keine Ahnung, daß die rechte Hemisphäre „HAT" empfangen hat. Fragt man: „What a band?", dann werden Vermutungen geäußert, wie „Rock 'n' Roll-Band" u.ä.

Ebenso interessant sind die Untersuchungen mit *„zusammengesetzten Portraits" sog. Chimären)* – Abbildung 11.

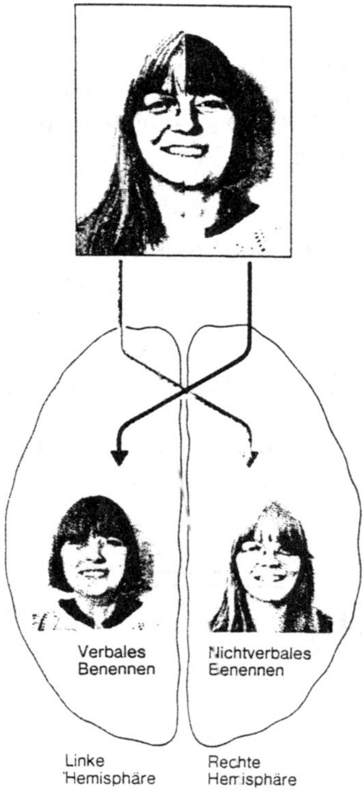

Abbildung 11:
Erkennen von Gesichtern durch die linke bzw. rechte Hemisphäre (aus: Schmidt 1985, S. 176)

Während die Versuchsperson wieder den Mittelpunkt der Leinwand fixiert, werden ihr Bilder wie in Abbildung 11 auf der Leinwand gezeigt. Das (halbe) Bild im linken Gesichtsfeld wird in die rechte Hemisphäre projiziert und das (halbe) Bild im rechten Gesichtsfeld in die linke Hemisphäre. Wegen des durchtrennten Corpus callosum vervollständigt jede Hemisphäre ihre Bildhälfte wieder zu einem vollständigen Bild. Wird eine verbale Benennung verlangt, dann wird das in der linken Hirnhälfte vervollständigte Bild beschrieben, wird verlangt, daß mit der linken Hand aus einer Kollektion von Bildern das passende gezeigt werden soll, dann wird das in der rechten Hemisphäre vervollständigte Bild herausgesucht.

In einer weiteren Untersuchungsreihe wurde den Versuchspersonen eine Kontaktlinse in das linke Auge eingesetzt, die nur die Wahrnehmung des linken Gesichtsfeldes erlaubte. Gleichzeitig bedeckte eine Augenklappe das rechte Auge.

Bei diesem Versuch können Bildgeschichten, die aus vier bis sechs Bildkarten bestehen, mit der linken Hand in die richtige Reihenfolge gebracht werden. Zu beachten ist hierbei, daß die Versuchspersonen berichteten, daß sie keine Ahnung hatten, was im linken Gesichtsfeld präsentiert wurde. Da kein Input vom rechten Gesichtsfeld in die linke Hemisphäre möglich ist, hatten die Versuchspersonen keine bewußten visuellen Erfahrungen, außer einer diffusen Empfindung von Helligkeit und manchmal von Farbe.

1.3.3 Die Leistungen der beiden Hemisphären der Großhirnrinde

Bei den Split-Brain-Patienten ist die Spaltung des Gehirns in zwei Hemisphären fast hundertprozentig. Es gibt keine Übertragung von der rechten Hemisphäre zum bewußten Erleben und sprachlichen Ausdrucksvermögen der Patienten. Die Vorgänge in der rechten Hemisphäre sind der sprechenden Person unbekannt. Nur Ereignisse in der linken Hemisphäre können sprachlich mitgeteilt werden.

Eccles nimmt jedoch eine gewisse Übertragung auf einem weitgehend emotionalen Niveau an.

„Ein Bild, von dem man erwarten kann, daß es bei der Versuchsperson Furcht oder Verlegenheit hervorruft, wird auf das linke Gesichtsfeld projiziert. Die Versuchsperson empfindet eine unklare emotionale Reaktion, deren Ursache sie nicht verstehen kann. Zum Beispiel wurde das Bild einer nackten Frau . . . auf das linke Gesichtsfeld projiziert und natürlich von der Versuchsperson nicht bewußt gesehen. Dennoch lächelte sie verlegen und kicherte ein wenig, aber sie wußte nicht, warum diese seltsamen Emotionen in ihr aufwallten" (1979, S. 270).

Die Leistungen der Split-Brain-Patienten erlauben Aussagen über die *spezifischen Funktionen* jeder der beiden Hemisphären (*Sperry*, 1964, 1968, 1970, 1974, 1977). In Abbildung 12 ist diese Seitenspezialisierung dargestellt.

linke Hemisphäre	rechte Hemisphäre
Verbindung zum Bewußtsein sprachlich begrifflich arithmetisch analytisch und abstrakt	keine derartige Verbindung musikalisch Bild- und Mustererkennung geometrisch und räumlich einheitlich und konkret

Abbildung 12: Verschiedene spezifische Leistungen der linken und der rechten Hemisphäre (verändert nach: Eccles 1979, S. 276)

1. Bewußtsein und Sprache

Es gibt verschiedene Bewußtseinsbegriffe. Wenn man Bewußtsein zunächst als einen psychischen Zustand definiert, der ausgezeichnet ist durch relative Klarheit und Deutlichkeit seiner Erlebnisinhalte, die zudem grundsätzlich sprachlich mitteilbar sind, dann bietet die linke Hälfte der Großhirnrinde die strukturellen Voraussetzungen für Bewußtsein und Sprache. Bei allen Vorgängen, die in der rechten Hemisphäre ablaufen, hat der Patient dagegen keine bewußten Erfahrungen. Ein weiterer Mangel zeigt sich im sprachlichen Bereich. Das Erkennen von Wörtern ist auf geläufige Gegenstände und gelegentlich auf wenige Verben beschränkt. Auf Befehle wie „nicke" oder „winke" kann erfolgreich reagiert werden. In den allermeisten Testsituationen war die rechte Hemisphäre dagegen nicht in der Lage, mit gesprochener oder geschriebener Sprache zu antworten. Es besteht also ein großer Unterschied zwischen leidlichem Verstehen von Sprache und sprachlichem Ausdruck.

2. Musikalische Fähigkeiten

Während die linke Hemisphäre durch ihre verbalen und gedanklichen Fähigkeiten ausgezeichnet ist, häufen sich die Anhaltspunkte, daß die rechte musikalisch begabt ist. So zeigt es sich, daß das operative Entfernen des rechten Temporallappens die musikalischen Fähigkeiten erheblich beeinträchtigt.

3. Bild- und Mustererkennung

Obwohl die rechte Hemisphäre im sprachlichen Bereich als leistungsschwach bezeichnet werden muß und besonders wenig zu begrifflicher Abstraktion fähig ist, kann sie jedoch nicht generell als defizitär angesehen weren.

Bei dem Versuch, ein einfaches geometrisches Muster durch farbige Blöcke nachzubilden, versagt die linke Hemisphäre, während die rechte diese Aufgabe rasch und exakt ausführt. Das gleiche gilt für taktile Mustererkennung. In analoger Weise konnte bei den Patienten eine überlegene Leistungsfähigkeit der linken Hand beim Kopieren von Zeichnungen nachgewiesen werden. Weiterhin ist die rechte Hemisphäre besonders leistungfähig bei der Erkennung bildlicher Darstellungen, die in normalen Erfahrungssituationen vorkommen. Man könnte diese Fähigkeiten vielleicht zusammenfassend als nonverbales Vorstellungsvermögen bezeichnen.

4. Arithmetisch vs. geometrisch

Die linke Hemisphäre kann die vier Grundrechnungsarten und andere mathematische Operationen ausführen. Die rechte Hemisphäre dagegen verfügt über ein äußerst geringes Rechenvermögen und kann nur einfachste Additionen erledigen.

Für bestimmte Aufgabenarten ist sie jedoch der überlegene Teil des Gehirns. Dies gilt vor allem für die Wahrnehmung und Erzeugung von räumlichen Mustern. Die Unterscheidung oder Umformung von topologischen Formen (geometrische Gebilde im Raum) ist für die linke Hemisphäre außerordentlich schwierig oder sogar unmöglich, während solche Leistungen von der rechten Hemisphäre auf einem sehr hohen Niveau durchgeführt werden (Abb. 13).

Die **Pyramide** ist ein geometrischer Körper, der von einem ebenen Vieleck (n-Eck) als Grundfläche und von n in der Spitze der P. zusammentreffenden Dreiecken (den Seitenflächen der P.) begrenzt wird. Bei einem Flächeninhalt G der Grundfläche und einer Höhe h beträgt das Volumen:
$V = 1/3\ G \cdot h$.

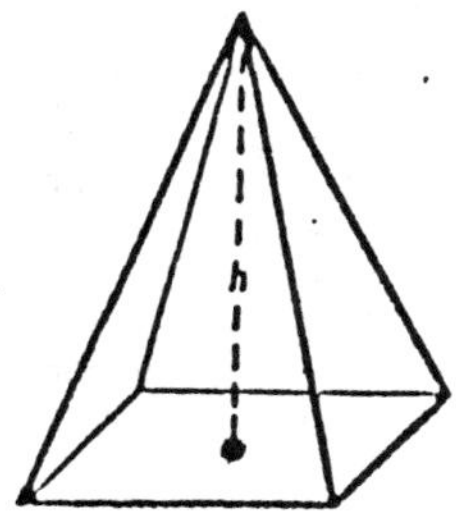

Bei einem Schnitt parallel zur Grundfläche entstehen ein **Pyramidenstumpf** und eine Ergänzungspyramide. Bei einem Flächeninhalt G der Grundfläche, einem Flächeninhalt G_S der Schnittfläche und der Höhe h_S (Abstand zwischen Grundfläche und Schnittfläche) beträgt das Volumen des Pyramidenstumpfes:
$V = 1/3\ h_S\ (G + \sqrt{G \cdot G_S} + G_S)$.

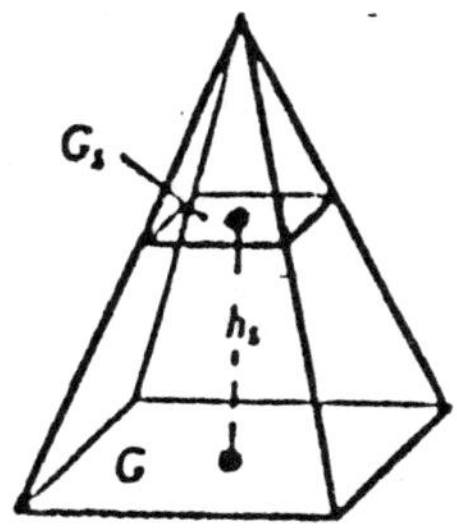

Regelmäßige Pyramide und Pyramidenstumpf

Abbildung 13: Arithmetisch vs. geometrisch

5. Analytisch/abstrakt vs. einheitlich/konkret

Die Funktionen der rechten Hemisphäre „scheinen eher holistisch und einheitlich zu sein als analytisch und fragmental, und eher orientierend als fokal, und scheinen eher eine konkrete wahrnehmungsmäßige Einsicht zu umfassen als ein abstraktes, symbolisches, sequentielles logisches Denken“ (*Sperry* 1974, S. 11).

Name	Frucht (Form, Farbe)
Alexander Lucas	groß, stumpfkegelförmig, zum Klech hin dickbauchig, rauhe, trockene Schale, hellgrün bis goldgelb, umbrafarbene Berostung
Champagnerbratbirne (Deutsche Bratbirne)	klein, mittel- bis kelchbauchig gelblichgrün, fein bräunlich punktiert
Clapps Liebling	mittelgroß bis groß, dickbauchig, nach dem Stiel zu länglich ausgezogen, hellgrün bis goldgelb, fein rot punktiert, sonnenseits zinnoberrot verwaschen
Diels Butterbirne	groß bis sehr groß, breitbauchig, hellgrün bis ockergelb, rostrot punktiert bis rotfleckig
Frühe aus Trevoux	mittelgroß, länglich bis länglichrund, grünlichgelb, später gelb, sonnenseits rotstreifig und getupft
Gellerts Butterbirne (Hardys Butterbirne)	mittelgroß bis groß, länglich-bauchig, rauhe, grünlich bis ockergelbe Schale, bisweilen zimtfarbig berostet
Gräfin von Paris	groß, lang, gelblichgrün bis strohgelb, mit starker Berostung
Grüne Jagdbirne	kaum mittelgroß, rundlich, graugrün, braun gepunktet mit rötlichem Schimmer

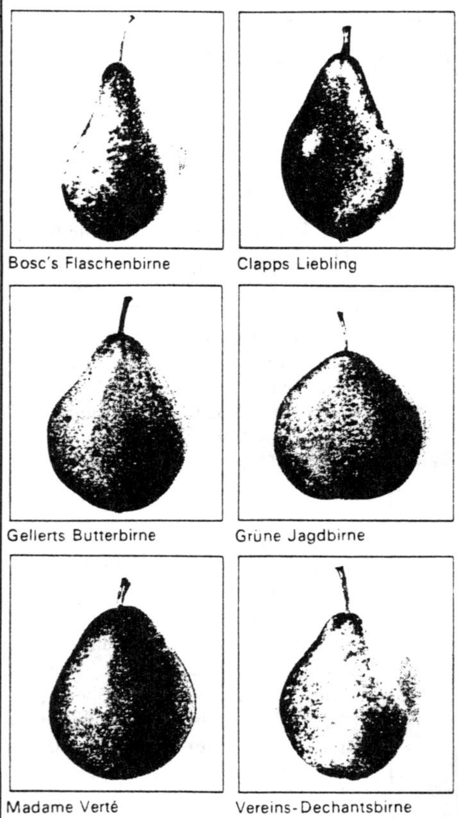

Abbildung 14: Analytisch/abstrakt vs. einheitlich/konkret (aus Meyers großes Taschenlexikon, 1987, S. 256, 260).
Man stelle sich Farbe, Duft, Oberflächenbeschaffenheit usw. der Früchte anschaulich vor!

6. Emotionen

Von manchen Autoren wird darauf hingewiesen, daß die rechte Hemisphäre (in Verbindung mit dem Temporalhirn und dem limbischen System) außerdem in der Lage ist, Emotionen wahrzunehmen und zu äußern. Dies ist im Rahmen der nonverbalen Kommunikation von großer Bedeutung.

„Ein Patient mit einer linksseitigen Hirnverletzung kann die Bedeutung einer gesprochenen Äußerung möglicherweise nicht vestehen, aber er begreift in vielen Fällen die emotionale Botschaft der Aussage. Ein Patient mit einer Störung in der rechten Hirnhälfte erfaßt dagegen in der Regel den Sinn des Gesagten, erkennt aber oft nicht, ob die Worte in einem ärgerlichen oder heiteren Ton gesprochen wurden" (*Geschwind* 1979, S. 133).

1.4 Gibt es ein linkshemisphärisches und ein rechtshemisphärisches Denken?

1.4.1 Die dominante und die untergeordnete Hemisphäre

Die linke Hirnhälfte wird auch als *dominante* und die rechte als *subdominante* (untergeordnete) Hemisphäre bezeichnet. Neben dem Sprechen sind Schreiben und Rechnen herausragende Leistungen der linken Hemisphäre. Bei den meisten Menschen aktiviert und kontrolliert sie auch in besonderer Weise das motorische System (Rechtshänder!). Manche Autoren schreiben ihr in allgemeiner Form die Fähigkeit der Ideation zu, d.h. die Möglichkeit der Entwicklung von Handlungskonzepten bzw. von antizipierendem Denken.

Die Begriffe „dominant" und „untergeordnet" behindern jedoch allzuleicht die Einsicht, daß auch die rechte Hemisphäre einen hochentwickelten Teil des menschlichen Gehirns darstellt. Für manche Aufgabenarten ist sie sogar der eindeutig überlegene Teil.

Ihr fehlt insbesondere die klar bewußte sprachlich-begriffliche Ausdrucksfähigkeit. *Sperry* schreibt ihr allerdings eine spezifische Art von (nichtsprachlichem) Bewußtsein zu. Das Problem des Bewußtseins wird später noch einmal aufgegriffen. Dort wird dann ein „Bewußtseinszustand A" von einem „Bewußtseinszustand B" unterschieden werden.

1.4.2 Der Mensch verfügt nicht über zwei Gehirne

Statt von einer dominanten (der linken) und von einer untergeordneten (der rechten) Hemisphäre zu sprechen, ist die Auffassung von zwei *komplementären* Hemisphären, die zusammen *ein Gehirn* bilden, angemessener.

Jede der beiden Hälften der Großhirnrinde ist hochspezialisiert. Beim gesunden Menschen stellt – anders als bei den Split-Brain-Patienten – das Corpus callosum ein leistungsfähiges Kommunikationssystem dar. Vermutlich sind bei allen kognitiven Leistungen beide Hemisphären in spezifischer Weise beteiligt.

„Wenn jemand eine Geschichte liest, dürfte die rechte Hemisphäre eine besondere Rolle dabei spielen, die visuelle Information zu entschlüssen, eine zusammenhängende

Struktur der Erzählung zu gewinnen und zu behalten, Humor und Gefühlsinhalte aufzunehmen, Bedeutungen aus Assoziationen zur Vergangenheit herzuleiten und bildhafte Wendungen zu verstehen. Gleichzeitig hat die linke Hemisphäre besonderen Anteil daran, Satzstrukturen zu durchdringen, geschriebene Worte in die entsprechenden Laute zu übersetzen und Bedeutungen aus komplexen Beziehungen zwischen Einzelbegriffen und Satzbau zu erschließen" (*Levy* 1986, S. 35).

Hierbei werden zahlreiche Leistungen der rechten Hemisphäre über das Corpus callosum der linken übermittelt und so (mindestens partiell) dem Bewußtsein zugänglich.

1.4.3 Pädagogische Fragen

Selbst wenn die Asymmetrie in der Aktivierung der Hemisphären bei einzelnen Menschen extrem ausgeprägt ist, sollte man trotzdem nicht von einem „Linkshemisphäriker" oder einem „Rechtshemisphäriker" sprechen. Bei einem normalen Gehirn ist es unmöglich, nur eine Hälfte zu entwickeln und die andere sehr weitgehend zu vernachlässigen.

„In einem Literaturseminar wird die rechte Hemisphäre ebenso gefordert und gefördert wie die linke, und umgekehrt wird die linke in einem Musik- oder Malkurs nicht weniger beansprucht als die rechte" (*Levy* 1986, S. 37).

Trotz dieser prinzipiell ganzheitlichen Sicht der Funktionsweise des menschlichen Gehirns, gibt es gewisse Anhaltspunkte, daß sich Menschen doch im Ausmaß der Aktivierung der beiden Hemisphären unterscheiden. Manche Menschen neigen dazu, die Dinge eher *linkshemisphärisch-analytisch* oder eher *rechtshemisphärisch-intuitiv* zu erkennen.

Verschiedene Autoren nehmen an, daß die gängigen Lehrpläne an den Schulen besonders das analytische und begriffliche Denken der linken Hemisphäre ansprechen. Es wird unterstellt, daß eine stärkere Einbeziehung der rechten Hemisphäre mit ihrem intuitiven und bildhaften Denken und ihrem Bezug zu emotionalen Prozessen zu einer wesentlichen *Steigerung des Lernpotentials* führen könnte.

Die entscheidende Frage scheint mir zu sein, ob dies geschehen kann, indem das *verbale Lernen* häufiger durch *konkrete Erfahrungen* ergänzt wird oder ob es dazu neuer Lernmethoden, z.B. der *Suggestopädie*, bedarf.

1.5 Lernen und Gedächtnis

1.5.1 Corticale und subcorticale Strukturen

Unter *corticalen Strukturen* versteht man insbesondere den Neocortex, der mehr als 90% der Großhirnrinde (Cortex) ausmacht. Wichtige Funktionen sind kognitive Leistungen (u.a. bewußte Wahrnehmung, Sprache, Handlungskontrolle).

Subcorticale Strukturen sind Bereiche der zentralnervösen Integration unterhalb der Großhirnrinde. Im Rahmen der Organismus-Umwelt-Interaktion kommt hierbei dem *limbischen System* besondere Bedeutung zu.

Allerdings ist anzumerken, daß der Begriff „limbisches System" nicht einheitlich gebraucht wird. Manche Autoren unterscheiden bei diesem System corticale und subcorticale Anteile. Zwei Bereiche des limbischen Systems spielen im Zusammenhang mit Lernen und Gedächtnis eine wichtige Rolle: Der *Hippocampus* ist am Aufbau der Gedächtnisspur beteiligt und das *temporoamygdaläre System* stellt die neuronale Grundlage für Emotionen und Motivation dar.

Andere subcorticale Strukturen, beispielsweise solche, die der Regulation der inneren Organfunktionen dienen (vegetatives Nervensystem), werden in diesem Abschnitt nicht angesprochen.

1.5.2 Die Konsolidierung der Gedächtnisspur

Unter Lernen versteht man die Fähigkeit von Lebewesen, ihr Verhalten i.w.S. aufgrund von Erfahrungen zu ändern. Als Gedächtnis bezeichnet man die Fähigkeit, solche Informationen für kürzere oder längere Zeit zu speichern und zum Abruf bereitzuhalten.

Bei Betrachtung der neuronalen Mechanismen von Lernen und Gedächtnis sind bei Kurzzeit- und Langzeitgedächtnis unterschiedliche Prozesse anzunehmen. Nach *Lashley* (1950) ist für das nur wenige Sekunden wirksame Kurzzeitgedächtnis eine in den neuronalen Systemen kreisende Erregung *(„dynamisches Engramm")* verantwortlich, während das Langzeitgedächtnis auf *strukturellen* Veränderungen beruht. Es wird unterstellt, daß diese strukturellen Engramme als Modifikation der Synapsen aufgefaßt werden können. Die Plastizität der Synapsen und ihre Veränderung bei Gebrauch bzw. Nicht-Gebrauch zeigt Abbildung 15.

Besonders die Zellen im *Hippocampus,* einem Teil des limbischen Systems, sind in hohem Maße modifizierbar. Das gleiche trifft vermutlich auch auf die Synapsen der Pyramidenzellen in der Großhirnrinde zu. Die so entstandene *Gedächtnisspur* (das Engramm) ist als räumlich-zeitliches Muster die Grundlage für jede Art von Lernen und Gedächtnis. Je häufiger ein solches Muster in den komplexen neuronalen Regelkreisen abgespielt wird, umso leistungsfähiger

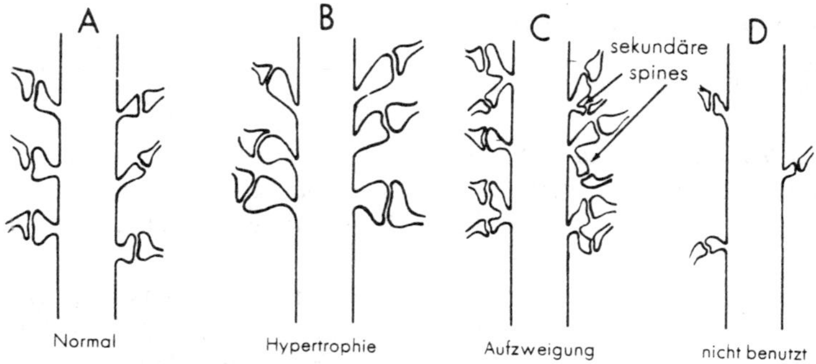

Abbildung 15: Plastizität von Synapsen (aus: Popper/Eccles 1982, S. 461)

werden seine Synapsen im Vergleich zu anderen Nervenbahnen. Dem sich allmählich stabilisierenden Engramm entspricht ein mehr oder minder überdauernder und abrufbarer Gedächtnisinhalt. Dieser Vorgang wird *Konsolidierung* genannt.

Patienten, denen man bei Operationen den linken Hippocampus (zuständig für die Konsolidierung verbaler Erinnerungen) bzw. den rechten Hippocampus (zuständig für die Konsolidierung bildlicher und räumlicher Erinnerungen) entfernt hatte, zeigten extreme Gedächtnisstörungen. Sie hatten noch Erinnerungen an die Zeit vor der Operation, mußten aber mit einem Kurzzeitgedächtnis von wenigen Sekunden Dauer leben.

Hierbei ist zu beachten, daß der Hippocampus zwar am Aufbau der Gedächtnisspur (Übergang vom Kurzzeit- in das Langzeitgedächtnis) wesentlichen Anteil hat, nicht aber selbst Sitz des Langzeitgedächtnisses ist.

1.5.3 Das limbische System

Vereinfacht gesagt, besteht das Großhirn aus dem Neocortex und dem limbischen System (Abb. 16).

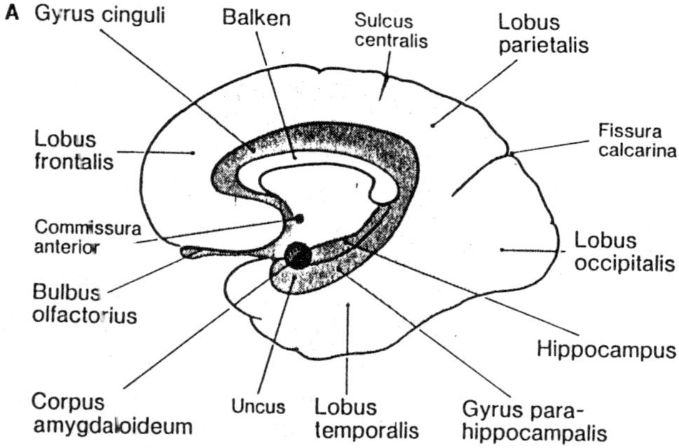

Abbildung 16: Strukturen des limbischen Systems (aus: Jänig 1985, S. 149)

„Dabei reguliert der *Neocortex* eher die präzise räumlich-zeitliche Kommunikation mit der Umwelt und die formal-intellektuellen und stereognostischen Fähigkeiten und das *limbische System* die Stimmungen und Handlungsbereitschaften, d.h. das Motivationsgefüge und die Emotionen des Menschen, sowie die Lern- und Gedächtnisprozesse" (*Jänig* 1985, S. 148).

Klinische und experimentelle Befunde sprechen dafür, daß bestimmte Teile des limbischen Systems, besonders das temporoamygdaläre System (Corpus amaygdaloideum in Abbildung 16) das neuronale Substrat für Emotionen und Motivationen darstellen.

„In diesem System werden vermutlich die komplexen sensorischen Informationen mit entsprechenden Informationen (Gedächtnisinhalten), die in der Vergangenheit gespeichert worden sind, verglichen. Damit bekommen die sensorischen Informationen Bedeutung für den Organismus ... und führen zur Aktivierung solcher affektiven Verhaltensmuster, die sich in der Vergangenheit bei entsprechender Umweltkonstellation als zweckmäßig herausgebildet haben" (*Jänig* 1985, S. 151).

Störungen dieser Regionen des limbischen Systems führen beim Menschen zu schwerwiegenden emotionalen Störungen und Verhaltensauffälligkeiten.

1.5.4 Ganzheitliche Sichtweise

Leider gibt es gerade auf dem Gebiet der hirnbiologichen Grundlagen des Gedächtnisses mehr offene Fragen als gesichertes Wissen (z.B. neuronale Grundlagen verschiedener Formen von verbalem bzw. motorischem Gedächtnis; Physiologie des Abrufs von Gedächtnisinhalten usw.).

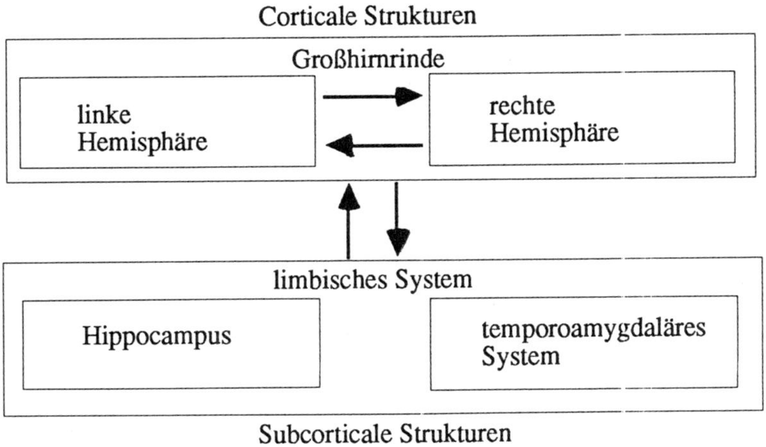

Abbildung 17: Schematische Darstellung der horizontalen und vertikalen Integration

Trotzdem ergeben sich einige fruchtbare Hypothesen. Wenn man versucht, die Phänomene des Lernens und Vergessens ganzheitlich zu betrachten, stößt man gleich zweimal auf den Begriff der Integration.

Hirnbiologisch gesehen wirken in einer *horizontalen Integration* die linke und die rechte Hemisphäre der Großhirnrinde mit ihren komplementären Funktionen zusammen. In einer *vertikalen Integration* kommt es zu einem komplexen Zusammenspiel von corticalen Strukturen und bestimmten Teilen des limbischen Systems (Abb. 17).

In psychologischer Sicht bedeutet dies, daß die sprachlich-begrifflichen und eher analytischen Leistungen der linken Hemisphäre ergänzt werden durch die bildhaften und geometrischen sowie eher ganzheitlichen Leistungen der rechten Hemisphäre. Weiterhin weist die Mehrzahl der kognitiven Leistungen Beziehungen zu emotional-motivationalen Prozessen auf.

Beide Formen der Integration sind für Informationsverarbeitung, -speicherung und -abruf von größter Bedeutung.

2. Kapitel: Suggestopädie

Das suggestopädische Lehrverfahren wurde von dem bulgarischen Therapeuten und Pädagogen Lozanov entwickelt. Dargestellt werden die ursprüngliche bulgarische Version und einige Varianten in den USA und der Bundesrepublik Deutschland.

Lozanov versteht unter Suggestion eine parabewußte (mehr oder minder unbewußte) Beeinflussung des Lerners durch nonverbale Kommunikation und eine spezifische Gestaltung der Lernsituation. Überwindung von Lernhemmungen durch suggerierte Erfolgserwartung, entspannte Lernatmosphäre und sog. Lernkonzerte sind wesentliche Merkmale der Unterrichtsgestaltung.

Die Suggestopädie versteht sich als ganzheitliches Lehrverfahren. Dies bedeutet auf der hirnbiologischen Seite zusätzliche Aktivierung der rechten Hemisphäre des Cortex und auf der physischen Seite Herstellung von zwei verschiedenen Bewußtseinszuständen. Zu einem rational-analytischen Denken tritt ein intuitiv-imaginatives hinzu.

Das Kapitel gliedert sich in folgende Abschnitte:

1. *Geschichte der Suggestopädie*
2. *Merkmale suggestopädischer Lehrverfahren*
3. *Ganzheitliches Lernen*
4. *Behauptete Ergebnisse*
5. *Bewertung.*

2.1 Geschichte der Suggestopädie

2.1.1 Der bulgarische Therapeut und Pädagoge Lozanov

Im Jahre 1955 veröffentlichte *Georgi Lozanov* erste Ergebnisse von Experimenten mit *suggestiver Hypermnesie* (= sehr gesteigerte Gedächtnisleistung durch suggestive Lehrverfahren). Nach der weiteren Entwicklung des Verfahrens, besonders nach 1965, erschien 1971 das Hauptwerk „Suggestologia" in Sofia. Durch die englische Übersetzung „Suggestology and Outlines of Suggestopedy" (New York 1978[1]) wurde das neue Lehrverfahren im Westen bekannt.

Seit Anfang der 60er Jahre studierten sowjetische Pädagogen die Anwendung der *Relaxopädie* (= Lernen im Zustand von körperlicher und psychischer Entspannung) und der *Hypnopädie* (= Lernen unter Hypnose oder während des Schlafes). Diese Versuche hat *Lozanov* in der Sowjetunion kennengelernt.

Sein Buch ist das Ergebnis einer fast zwanzigjährigen Beschäftigung mit Suggestion und ihrer Anwendung in Therapie und Unterricht. Er bezeichnet dieses Arbeitsgebiet als *Suggestologie* (= Lehre von der Suggestion) und spricht im Falle des Einsatzes von Suggestion zur Verbesserung des Lernens von *Suggestopädie* (= Suggestionspädagogik).

Nachdem er zunächst die Suggestion im therapeutischen Bereich und dort besonders im Rahmen der Hypnose angewandt hatte, galt jetzt sein Interesse der Verwendung von Suggestion im normalen Wachzustand gesunder Personen. Dadurch sollen *psychische Reserven* vielfältiger Art entfaltet werden. Es wird unterstellt, daß durch streßfreies Lernen bei einem hohen Lerntempo nicht nur eine Verbesserung des Gedächtnisses, sondern auch eine Entwicklung der gesamten Persönlichkeit erreicht wird.

2.1.2 Die Methode

Vorbemerkung:

Die Zitate sind übersetzt aus der englischsprachigen Auflage von 1978. Die englische Übersetzung der bulgarischen Auflage von 1971 macht besonders bei der Beschreibung des suggestopädischen Unterrichts einen unpräzisen Eindruck. Alle Autoren, die sich mit Lozanov befassen, bemängeln zudem die Unübersichtlichkeit seines Buches und die stellenweise Unklarheit der Darstellung. Argumentationen und Daten müssen oft mühsam zusammengesucht und vorsichtig zu einem möglichst klaren Bild zusammengesetzt werden.

Lozanov führte am Institut für Suggestologie in Sofia zahlreiche Experimente mit Versuchspersonen aller Altersgruppen durch. Ein Schwerpunkt seiner Untersuchungen liegt im Bereich des Fremdsprachenlernens. Häufig handelt es sich um Intensivkurse für Studenten bzw. Berufstätige. Die Teilnehmerzahl war auf maximal 12 Schüler begrenzt. Im Unterrichtsraum waren spezielle Sessel in einem offenen Kreis aufgestellt. Der Sessel des Lehrers stand am Kopfende.

Nach der Erprobung verschiedener Formen der suggestopädischen Lehr-Sequenz ergab sich allmählich folgendes dreiphasiges Modell (S. 268f.):

1. Die Vor-Sitzungs-Phase
Dauer etwa 90 Minuten.
In dieser Phase soll der Student mit dem neuen Lernmaterial vertraut gemacht werden. Wichtig hierbei ist das Hervorrufen einer positiven Lerneinstellung. Der Lehrstoff bezieht sich meist auf Alltagssituationen und wird in Dialogform präsentiert. Der Unterricht verbleibt weitgehend in der Fremdsprache, wird aber durch Übersetzungen und Grammatik-Erklärungen ergänzt.

2. Die suggestopädische Sitzung
Dauer etwa 45 Minuten.
Lozanov spricht davon, daß in jedem suggestiven Prozeß ein *Ritual* im Mittelpunkt steht. In der Suggestopädie ist dies die *Sitzung* (session, séance).

Die suggestopädische Sitzung gliedert sich in einen *aktiven* Teil und in einen *passiven* Teil, den Konzert-Teil.Im aktiven Teil wird der Lehrtext langsam in verschiedener Intonation (normal, flüsternd, laut) gesprochen. Die Studenten lesen den Text mit. Im passiven Teil herrscht normale Sprechweise vor, wobei sich die Stimme des Lehrers der Musik unterordnet. Nur der Lehrer liest den Text. Die Lernenden hören zu. Die Musik ist nicht nur Hintergrund. *Lozanov* spricht davon, daß die suggestopädische Sitzung eine ,,Quelle ästhetischen Vergnügens" für Lehrer und Schüler sein soll. Die Musik hat eine ähnliche Rolle wie im Konzertsaal.

Am Ende seiner Versuche mit suggestopädischem Unterricht verwendet *Lozanov* auch im aktiven Teil Musik.

Aus diesem Grunde teilt man heute die suggestopädische Sitzung in folgende Abschnitte ein:
Erstes Konzert – aktiver Teil,
Zweites Konzert – passiver Teil.
Lozanov mißt dem 2. Konzert im Rahmen des suggestopädischen Lehr-Lern-Prozesses zentrale Bedeutung zu.

Nach Beendigung des zweiten Teils der Sitzung gehen die Schüler nach Hause. Sie erhalten keine Hausaufgaben.

3. Die Nach-Sitzungs-Phase
Keine Zeitangaben. Bei vier Unterrichtsstunden pro Tag läßt sich eine Dauer von etwa 45 Minuten erschließen. Auch hier werden zwei Abschnitte unterschieden.

Der Inhalt des ersten Abschnittes ist Ausarbeitung und Anwendung des Lernmaterials. Der Text wird wieder gelesen, nacherzählt, Fragen werden gestellt usw. Jeder Schüler soll an den Übungen aktiv beteiligt sein.

In einem zweiten Abschnitt tritt das eigentliche Sprachenlernen in den Hintergrund. In Rollenspielen, Monologen, Konversationsszenen wird ein kreativer und kommunikativer Umgang mit der Sprache angestrebt. Besondere Bedeutung kommt hierbei dem Können des Lehrers zu, Fehler überaus sensibel zu korrigieren.

Der erste Abschnitt der Nach-Sitzungs-Phase ist für den nächsten Tag vorgesehen und der zweite Abschnitt für den übernächsten Tag.

Nach diesen Mitteilungen ergibt sich folgender Tagesablauf:
1. Nach-Sitzungs-Phase
Wiederholung des Stoffes der letzten bzw. früherer Sitzungen.
2. Vor-Sitzungs-Phase
Einführung des neuen Stoffes.
3. Sitzung
Zwei Lernkonzerte.

Am ersten Tag des gesamten *Kurses* findet ein Test statt, um ggf. die Studenten entsprechend ihren Vorkenntnissen in Gruppen einteilen zu können. Die Lerner erhalten eine *fiktive Identität.* Sie übernehmen Namen und Berufe, die für das Land, dessen Sprache erlernt werden soll, typisch sind. Es wird ihnen mitgeteilt, daß sie nicht angestrengt zu üben brauchen. Die Suggestion, daß das Lernmaterial ohne Anstrengung erworben und kreativ angewandt werden kann, wird dann durch das Erlebnis der Lernkonzerte verstärkt.

Zum Abschluß des Kurses wird ein kleines Stück aufgeführt. Die Lerner planen die Handlung des Stückes und die einzelnen Rollen unter Verwendung von Themen aus dem Kurs. In der eigentlichen Aufführung findet dann eine freie Konversation statt.

Das Material eines Kurses umfaßt in der Regel 2000 lexikalische Einheiten (LE). Bei berufstätigen Teilnehmern waren dies Monatskurse von 24 Tagen mit jeweils vier Unterrichtsstunden (= 96 Stunden). Bei Studenten wurde der gleiche Lehrstoff in Ganztageskursen in 10 Tagen vermittelt. Im ersten Fall wurden demnach an einem Tag etwa 84 und im zweiten Fall täglich etwa 200 LE eingeführt. *Lozanov* weist ausdrücklich darauf hin, daß nicht die Organisation der Unterrichtszeit, sondern die Unterrichts*methode* ausschlaggebend sei.

Über den Erfolg der 24-Tage-Kurse berichtet er folgendes (S. 321f.):

1. Die Studenten eignen sich im Durchschnitt mehr als 90% des Vokubulars an...;
2. Mehr als 60% des neuen Vokabulars werden aktiv und fließend in der Alltags-Konversation gebraucht, und der Rest des Vokabulars ist auf dem Übersetzungsniveau bekannt;

3. Die Studenten sprechen im Rahmen der wesentlichen grammatikalischen Regeln;
4. Jeder Text kann gelesen werden;
5. Die Studenten können schreiben, obwohl sie einige Fehler machen;
6. Die Studenten machen einige Fehler beim Sprechen, dies beeinträchtigt aber nicht die Kommunikation;
7. Die Betonung ist befriedigend;
8. Die Studenten haben keine Angst, sich mit Ausländern zu unterhalten. . .;
9. Die Studenten sind darum bemüht, das Studium der Fremdsprache fortzusetzen, und – wenn möglich – auf dieselbe Art und Weise.

2.1.3 Begründung der Methode

Die folgende Zusammenstellung gliedert sich in drei Abschnitte:

1. Lozanovs Auffassung von Suggestion
Parabewußte Beeinflussung
Antisuggestive Barrieren
Aktivierung der Reservekapazitäten

2. Anwendung der Suggestion in der Praxis
Autorität und Infantilisierung
Lernen auf zwei Ebenen
Pseudopassivität

3. Zusammenfassung.

1. *Lozanovs Auffassung von Suggestion*

Lozanov versucht eine allgemeine Theorie der Suggestion aufzubauen. Er diskutiert ausführlich ihre zentrale Stellung in der Hypnose und ihre Bedeutung für die Therapie. Dieser Ansatz wird erweitert auf die Darstellung suggestiver Einflüsse auf den Menschen in seiner normalen materiellen und sozialen Umwelt.

Parabewußte Beeinflussung
Hier folgen zunächst drei Zitate:

„Untersuchungsgegenstand der Suggestologie ist die menschliche Persönlichkeit in all ihrer Vielfalt und ihren komplexen Wechselbeziehungen mit der Umwelt. Die Suggestologie widmet die größte Aufmerksamkeit jenen Wahrnehmungen, die vom Menschen unbemerkt bleiben, derer er sich nur unzulänglich bewußt oder sogar völlig unbewußt ist“ (S. 33).

„Die Beziehungen zwischen Persönlichkeit und sozialem Umfeld werden häufig durch die Mechanismen der Suggestion realisiert... Die soziale Umwelt übt in unbewußter Weise einen suggestiven Einfluß auf das Individuum aus" (S. 39).

„Suggestion ist ein konstanter kommunikativer Faktor, der hauptsächlich durch halbbewußte mentale Aktivitäten die Bedingungen schaffen kann, um die funktionalen Reservekapazitäten der Persönlichkeit anzuzapfen" (S. 201).

Lozanov beschreibt die vielfältigen Beziehungen des Menschen mit seiner materiellen und sozialen Umwelt. Dabei unterscheidet er Wahrnehmungen im normalen Wachzustand, die entweder relativ klar bewußt oder nur unvollständig bewußt bzw. vollkommen unbewußt sind. Um unerwünschte Assoziationen mit der Psychoanalyse zu vermeiden, sollte man bei diesen halb- oder unbewußten psychischen Prozessen von *parabewußten* Vorgängen sprechen. Diese bezeichnet *Lozanov* als *Suggestion.* Dies ist ein sehr weiter Begriff von Suggestion. Er schließt physiologische Mechanismen der Gleichgewichtsregulation (z.B. bei Kältereizen) ebenso ein wie das Reiz-Reaktions-Lernen i.S. *Pawlows.* Von besonderer Bedeutung sind hierbei die Einflüsse der sozialen Umwelt. Hier ist neben den Auswirkungen sozialer Normen besonders die Kommunikation zwischen Individuen zu nennen. Die allgemeine Funktion von Kommunikation ist die Übermittlung von Informationen. Suggestion im Sinne von *Lozanov* ist ein mehr oder minder parabewußt aufgenommener Informationsstrom und seine psychische Verarbeitung. Dabei muß man von einem Bewußtheits-Unbewußtheits-Kontinuum ausgehen.

Es gibt noch zahlreiche andere Suggestionsbegriffe und -theorien. Wenn man beispielsweise Suggestion definiert als gezielte Beeinflussung des Fühlens, Denkens, Wollens und Handelns eines Menschen durch zwischenmenschliche Kommunikation unter Ausschaltung seiner rationalen Persönlichkeitsbereiche, dann wird – anders als bei *Lozanov* – der manipulative Charakter dieser Kommunikation betont. Bei *Lozanov* dagegen ist Suggestion eine außerordentlich positiv bewertete Form der Informationsübermittlung, die einen Gegenpol zu der rationalen, relativ klar bewußten Beeinflussung durch verbal übermittelte Botschaften darstellt. An anderer Stelle spricht er davon, daß Suggestopädie nicht manipulieren und erzwingen, sondern im Sinne der englischen Bedeutung des Wortes „suggestion" lediglich anregen, vorschlagen, nahelegen will.

Antisuggestive Barrieren

Bei der Kommunikation zwischen Personen kann die meist relativ komplexe Botschaft, etwas vereinfacht gesagt, auf einer bewußten und auf einer parabewußten (nicht klarbewußten) Ebene empfangen werden. Bei einer solchen Interaktion kann es unter Umständen notwendig sein, daß im Sinne einer Selbstschutzmaßnahme die suggestive Botschaft abgewehrt wird.

Nach *Lozanov* gibt es zu diesem Zweck drei *anti-suggestive Barrieren:*

- die kritisch-logische Barriere, die alles abwehrt, was den Eindruck mangelnder logischer Fundierung und Zielgerichtetheit aufweist;
- die intuitiv-affektive Barriere, die alles abwehrt, das nicht Vertrauen und ein Gefühl der Sicherheit vermittelt;
- die ethische Barriere, die alles abwehrt, das nicht in Übereinstimmung mit den ethischen Prinzipien und kulturellen Normen des Adressaten steht.

Um die Wirksamkeit der Suggestion zu gewährleisten, ist es erforderlich, den Inhalt der suggestiven Botschaft mit den Persönlichkeitsstrukturen des Empfängers in Übereinstimmung zu bringen.

Beispielsweise ist es bei der Überwindung der intuitiv-affektiven Barriere zunächst nötig, den Lerner von negativen Vorstellungen und Emotionen zu befreien. Es ist erforderlich, die in der Kindheit und Jugend aufgebauten Vorstellungen von der Mühseligkeit des Lernens, von der geringen intellektuellen Leistungsfähigkeit und von der Begrenztheit des Gedächtnisses durch Desuggestion abzubauen. Erst dann kann durch positive Suggestion der Lernvorgang mit angenehmen Emotionen und Erfolgszuversicht verknüpft werden.

„Suggestopädische Hypermnesie entsteht nicht so sehr durch die Suggestion größerer Leistungsfähigkeit, als vielmehr durch Desuggestion, durch Befreiung von der historisch und durch Einzelpersonen geprägten Suggestion von der begrenzten Leistungsfähigkeit des Gedächtnisses."

„Suggestopädie – das desuggestiv-suggestive pädagogische System" (S. 165f., 251).

Aktivierung der Reserve-Kapazitäten

Im Zuge der suggestiven Beeinflussung kommt es nach Meinung *Lozanovs* zu einer *Aktivierung der Reserve-Kapazitäten* des Menschen. Im Zustand der Hypnose können wir uns an Dinge erinnern, die längst vergessen waren, und im normalen Schlaf verarbeiten wir Alltagsprobleme. Der Mensch verfügt auch im Wachzustand über Leistungsmöglichkeiten, von denen er nichts weiß. Hierbei handelt es sich sowohl um mentale Funktionen (z.B. verbale Gedächtnisleistungen) als auch um somatische Funktionen (z.B. sportliche Fähigkeiten). Diese intellektuellen und körperlichen Reserve-Kapazitäten werden besonders unter desuggestiv-suggestiven Bedingungen, d.h. in einem befreienden und ermutigenden Kommunikationsprozeß aktiviert. Das Zusammenwirken kognitiver und emotional-motivationaler Prozesse soll beim suggestopädischen Lernprozeß zu einer deutlich verbesserten Aufnahmefähigkeit und zu einer gleichermaßen verbesserten Gedächtnisleistung führen.

„Es ist bekannt, daß es keinen Fall gibt, in dem das Gehirn nur mit seinen kortikalen Strukturen funktioniert oder nur mit dem Subkortex oder auch nur mit einer der Hemisphären. Die funktionale Einheit der beiden Hemisphären und des kortikal-subkortikalen Systems mit der retikularen Formation ist unzerstörbar. Dies bedeutet, daß im praktischen Unterricht der emotional-motivationale Komplex. . ., das imaginative Denken und die logische Abstraktion gleichermaßen aktiviert werden sollten, in einer komplexen und untrennbaren Einheit" (S. 255).

Die Verbesserung des Lernvorgangs durch das suggestopädische Lehrverfahrens wird also letztlich hirnbiologisch begründet. Es wird unterstellt, daß Menschen normalerweise nur einen Teil ihrer intellektuellen und physischen Leistungsmöglichkeiten realisieren.

2. *Anwendung der Suggestion in der Praxis*

Bei der Anwendung der Suggestion in der Unterrichtspraxis spielen die Autorität des Lehrers, das Lernen auf zwei Ebenen (besonders verbale und nonverbale Kommunikation) und die Pseudopassivität des Lerners eine wichtige Rolle. *Lozanov* spricht in diesem Zusammenhang von Mitteln der Suggestion.

Autorität und Infantilisierung

Ein wesentliches pädagogisches Prinzip der Suggestopädie sind Autorität auf der Seite des Lehrers und Infantilisierung auf der Seite des Lerners.

„Der Begriff der Autorität, wie er in der Suggestologie gebraucht wird, steht für das nicht-direktive Prestige, das auf indirektem Wege eine Atmosphäre des Vertrauens schafft und den intuitiven Wunsch, dem gegebenen Beispiel zu folgen" (S. 187).

„Infantilisierung hat nichts mit dem klinischen Begriff ‚infantil' zu tun. Es ist eine universelle Reaktion auf Respekt, Inspiration und Vertrauen, die – ohne den Ablauf der normalen intellektuellen Aktivitäten zu unterbrechen – Wahrnehmung, Gedächtnis und kreative Funktionen beachtlich verbessert" (S. 191).

Autorität des Arztes oder Lehrers ist wichtig, weil die Patienten oder Schüler für die vermittelnden Informationen empfänglicher werden. Autorität und Prestige des Lehrers schaffen beim Schüler eine Atmosphäre des Respekts und Vertrauens. Diese quasi kindliche Lernhaltung gibt dem Lerner innere Ruhe und steigert seine Aufnahmebereitschaft für die zu vermittelnden Lehrstoffe.

In den sozialpsychologischen Untersuchungen zu Einstellungsänderungen durch Kommunikation hat man ähnliche Merkmale beim Kommunikator festgestellt: Glaubwürdigkeit, Attraktivität und Macht. Ein sehr wirkungsvoller Kommunikator ist der „vertrauenswürdige Fachmann", der die „Ausgangslage der Zuhörer" berücksichtigt. Dieser Beziehungsaspekt zwischen Sender und Empfänger wird von *Lozanov* mit den Begriffen Autorität und Infantilisierung gekennzeichnet.

Lernen auf zwei Ebenen
Bei der o.g. parabewußten Beeinflussung ist hier zunächst an *nonverbale Kommunikation* zu denken. *Lozanov* spricht von Lernen auf zwei Ebenen (double-planeness), wobei er neben den bewußten verbalen Wahrnehmungen besonders diese „zweite Ebene“ hervorhebt. Solche nonverbalen Zeichen teilt man ein in vokale (Pausen, Betonung, Sprechmelodie u.ä.) und nonvokale (Mimik, Gestik, Ausdruck der Augen, Gang u.ä.). Diese „unbewußten Signale“ enthalten einen hohen Informationsgehalt für den Empfänger. *Lozanov* ist der Meinung, daß ein solches nonverbales Eindrucksmanagement für Ärzte, Therapeuten und suggestopädische Lehrer von geradezu ausschlaggebender Bedeutung ist. Durch echte und professionelle Anwendung wird Autorität gewonnen und Vertrauen geschaffen.

Darüber hinaus haben solche nonverbalen Zeichen eine wichtige Funktion für die Bedeutungserfassung sprachlicher Äußerungen in gesprochener Sprache. Dies bedeutet, daß auch Kommunikation von Wissen in gesprochener (nicht in schriftlicher Form) wesentlich unterstützt wird durch periphere Reize. *Lozanov* spricht von „begleitenden Markierungen der Sprechtätigkeit“. Als Beispiele für vokale Phänomene werden *Intonation* und *Rhythmus* hervorgehoben.

So erfolgt etwas das Einprägen des Materials durch häufige Wiederholungen mit feierlicher, flüsternder und neutraler Intonation. Neben den Sprechpausen wird die Sprachmelodie in starkem Maße durch die rhythmischen Muster klassischer oder barocker Musik moduliert. Rhythmus meint hier aber nicht nur Sprechrhythmus, sondern auch die durch Pausen getrennte Abfolge der in ihrer Gestaltung sehr unterschiedlichen Teile der suggestopädischen Lehrsequenz.

Pseudopassivität
Als weiteres Mittel der Suggestopädie wird die Pseudopassivität genannt.

> „Es ist wahr, daß bei einem beachtlichen Teil der suggestiven Mechanismen die Aufmerksamkeit passiv zu sein scheint. Aus diesem Grund wird sie im suggestopädischen Entwurf ‚Pseudopassivität‘ genannt“ (S. 60).

Diese nur scheinbare Passivität bedeutet zunächst körperliche Entspannung, insbesondere Vermeidung von Muskelanspannungen. Bedeutsamer ist jedoch eine geistige Entspannung, wozu nach *Lozanov* der Einsatz von Autogenem Training oder Yoga unnötig ist. Es genügt eine heitere, vertrauensvolle Einstellung zum Unterricht, ähnlich der Stimmung bei einem Konzertbesuch. Die Herbeiführung dieser Pseudopassivität kann durch die Darbietung von Musik (2. Konzert) erleichtert werden. In Wirklichkeit spielen sich in diesem Zustand der Entspannung vielfältige psychische Prozesse ab, die die eigentliche Ursache der verstärkten Informationsverarbeitung und Verbesserung der Gedächtnisleistung sind.

3. *Zusammenfassung*

Alle Arten von Kommunikation weisen bewußte und „unbewußte" (parabewußte) Anteile auf. Letztere werden von *Lozanov* als Suggestion bezeichnet. Durch parabewußte Prozesse realisierte Suggestion tritt in zahlreichen Formen auf. Neben nonverbalen Aspekten der interpersonalen Kommunikation ist hier beispielsweise auch die Wirksamkeit sozialer Normen zu nennen. Diese Art der Beeinflussung verändert die intellektuellen und emotional-motivationalen Bereiche der Persönlichkeit. Jeder rationale Vorgang weist auch emotionale Bestandteile auf. Der Begriff der Suggestion schließt den Begriff der Desuggestion ein. Menschen befinden sich immer unter dem Einfluß suggestiver Faktoren. Häufig beeinträchtigen solche Einstellungen das körperliche und psychische Wohlbefinden sowie die Leistungsfähigkeit. In diesem Falle gilt es, die negative Suggestion abzubauen und durch eine positive zu ersetzen. Durch diesen desuggestiv-suggestiven Prozeß werden die Reserve-Fähigkeiten der Person freigesetzt.

Die Suggestopädie ist ein Lehrverfahren, das versucht, dieses Prinzip in die Praxis umzusetzen. Die Methode wirkt befreiend und anregend und führt so zu der behaupteten verbesserten Aufnahmefähigkeit, der erhöhten Gedächtnisleistung und zu einer Optimierung der Entwicklung der gesamten Persönlichkeit. Im Ritual der suggestopädischen Lehr-Lern-Sequenz werden durch konkrete pädagogische Maßnahmen Autorität/Infantilisierung, Abbau der antisuggestiven Barrieren und eine bestimmte Form des Zusammenspiels von verbaler und nonverbaler Kommunikation realisiert. Pseudopassivität des Lerners und ästhetische Momente spielen eine große Rolle.

Lozanov glaubt, den Erfolg seines Verfahrens durch vielfältige empirische Untersuchungen nachgewiesen zu haben.

2.1.4 Die weitere Entwicklung

Die Übernahme der Gedanken von Lozanov führte im Westen zu einer Vielzahl im Detail von einander abweichender, methodisch-didaktischer Konzeptionen. Dabei verwendet jeder Autor eigene Begriffe zur Kennzeichnung der suggestopädischen Lehr-Lern-Sequenz. Bei manchen Varianten handelt es sich zudem um eine oberflächliche Adaption, die nur die spektakulären Elemente der Suggestopädie hervorhebt.

Im einzelnen werden besprochen:
1. *Superlearning (Ostrander/Schroeder)*
2. *SALT (Schuster und Mitarbeiter)*
3. *Suggestopädie (Philipov)*
4. *Psychopädie (Baur)*
5. *ACT (Dhority)*

Der Leser, der an der speziellen Ausgestaltung der suggestopädischen Lehr-Lern-Sequenz bei den einzelnen Autoren weniger interessiert ist, wierd diese Teile der Beschreibung möglicherweise übergehen.

1. *Superlearning*

Bancroft, Professorin für Französisch an der University of Toronto, war eine der ersten westlichen Besucherinnen am Institut von *Lozanov.* Durch ihre Aufsätze wurde ab 1972 die suggestopädische Lehrmethode in Kanada und den USA bekannt.

Im Jahre 1979 erschien das Buch von *Ostrander/Schroeder* „Superlearning" (deutsch 1986[7]).

Wie der Titel verspricht, geht es um Superlernen (Superlearning) und Supergedächtnis (Supermemory). Diese durch Superlative ausgedrückten Leistungen beziehen sich auf „Faktenlernen", „psychische Leistungsfähigkeit und Gesundheit", „Intuition, Kreativität, außersinnliche Fähigkeiten". Das Ende des 1. Kapitels schließt mit dem Satz: „Beginnen Sie also einfach, indem Sie sich vorstellen, was Sie tun könnten, wenn Ihre Fähigkeit zu lernen und zu behalten sich um das Fünf- bis Fünfzigfache steigern würde..." (S. 18).

Diese phantastische Leistungssteigerung wird wie bei *Lozanov* hirnbiologisch erklärt. Wenn die interhemisphärische „Integration klappt, kommt es, wie bereits viele erfahren haben, zu einem ‚Quantensprung' in der Leistungsfähigkeit: vom Lernen zu Superlearning" (S. 12).

Das Buch von *Ostrander/Schroeder* hat durch Wecken unrealistischer Erwartungen viel Schaden angerichtet.

„Mit dem bulgarischen System waren 500 Worte pro Tag erst ein Anfang. Im Jahre 1966 lernte eine Gruppe 1000 Worte in einem Tag, und 1974 konnte eine Quote von 1800 Worten pro Tag erreicht werden. 1977 berichtete *Lozanov,* daß manche Tests sogar eine Aufnahmekapazität von 3000 Worten pro Tag nachgewiesen hätten."

Nowakow „erarbeitete Dreimonatskurse, die einem Sprachunterricht von zwei bis drei Jahren entsprachen (mit einem Vokabular von 6000 Worten und der gesamten Grammatik)" (S. 41).

Auf der Titelseite der *amerikanischen* Ausgabe liest man:

„Entwickeln Sie ein Supergedächtnis! Verbessern Sie Ihre Leistungen im Beruf und beim Sport! Lernen Sie *alles* zwei- bis zehnmal schneller!"

Und auf der ersten Seite findet sich das folgende Versprechen:

„*Vielleicht möchten Sie das alles nicht:*
eine Sprache in wenigen Stunden lernen,

alleine über den Pazifik segeln,
Rechnungen mit siebenstelligen Zahlen in Sekundenschnelle erledigen,
Ihre eigene Zukunft vorhersagen.
Aber Sie können es!

Und was noch viel wichtiger ist: Sie können sich von allem unnötigen Streß befreien, wenn sie die Fähigkeiten nutzen, von denen Sie vielleicht geträumt haben, die Sie sich gewünscht haben, die Sie aber nie zu besitzen glaubten."

Irritierend wirken auch die schwärmerische Ausdrucksweise („Suggestopädie als Tor zu neuen Welten", „Lernen im Jet-Tempo startet im Westen") sowie die Betonung hellseherischer Fähigkeiten („Das zweite Gesicht", „Sehen mit Fingerspitzen").

Als vorausschauend erweisen sich dagegen heute die Ausführungen über „Meditation für Olympiasieger". Angesprochen wird hier die Bedeutung der Imagination (Mentales Training) für körperliche Leistungen („Den Erfolg ‚sehen' " – S. 135f.).

2. *SALT*

Für die Verbreitung der Methode von *Lozanov* in den USA sind auch die Arbeiten von *Schuster* (*Schuster/Gritton* 1976, deutsch 1986) von Bedeutung.

Schuster nennt seine Konzeption „SALT – System of Accelerative Learning Techniques" (System beschleunigter Lerntechniken).

„Wie muß welcher Lernstoff welchem Lerner präsentiert werden, damit dieser ihn in geringstmöglicher Zeit erlernen und behalten kann?" (S. 5).

Das ist eine Kernaussage von *Schuster.* Optimierung des Lernens besteht in erster Linie in einer *Beschleunigung des Lernprozesses.* Die Akzeleration des Lernens wird im wesentlichen durch suggestive Elemente in der Unterrichtspraxis realisiert. Dabei übernimmt *Schuster* alle wesentlichen Gesichtspunkte von *Lozanov.* Die Bezeichnung SALT resultiert u.a. aus der Tatsche, daß der Begriff „Suggestopedia" in den USA zunächst als Warenzeichen rechtlich geschützt war.

„In diesem Buch werden die Begriffe SALT und Suggestopädie bedeutungsgleich verwendet, obwohl kleinere Unterschiede bestehen..." (S. 9).

Für das Fremdsprachenlernen beschreiben *Schuster* und *Gritton* folgende Lehr-Sequenz (S. 16f. und 117f.):

1. Vorbereitungsphase
- Positiv-anregende Atmosphäre
  Überwindung der antisuggestiven Barrieren, Erfolgsmotivierung der Schüler;
  Ankündigung von Kontroll-Klausuren zur Rückmeldung für den Schüler, nicht für die abschließende Benotung.
- Vorbereitung der Schüler
  Körperliche Entspannungsübungen, mentale Entspannungsübungen, Imaginationsübungen, Übungen zur Wiederentdeckung der natürlichen Lernfreude.

2. Präsentationsphase
- Wiederholungsphase
- Aktive Phase (1. Konzert)
  dramatische Präsentation (dreistufige Betonung), Sprechen im Rhythmus, pantomimische Darstellung des Lernmaterials;
  Anleitungen zur Imagination und Assoziation, Anleitung zu ganzheitlichen Wahrnehmungen.
- Passive Phase (2. Konzert)
  Synchronisation von Lernstoff und Atmung, Bedeutung der Musik.

3. Übungsphase
- Aktivierung des Lernmaterials, Ausarbeitung und Anwendung des Lernmaterials;
- Tests

Es wird vorgeschlagen, etwa 5-10% der Gesamtzeit einer Lehrsequenz für die Vorbereitung zu verwenden, etwa 40% für die Präsentation und 50% für die Übung.

Schuster/Gritton vergleichen die Suggestopädie mit der Werbung. Die Autorität des Lehrers und das suggestive Ritual werden verglichen mit dem Image des Unternehmens und des Produktes. „In analoger Weise sollte der Lehrende sich seinen Lernern ‚verkaufen' " (S. 97).

Bei der starken Betonung von Suggestion, körperlichen und mentalen Entspannungsübungen, vielfältigen Imaginationsübungen, dem Einsatz von Musik, der Verwendung von Pantomime und der aufwendigen Gestaltung der Atmosphäre des Klassenzimmers drängt sich dem Leser des Buches der Eindruck auf, daß es in den USA bis zu diesem Zeitpunkt eigentlich keine Fremdsprachendidaktik gegeben haben kann, was zweifellos unzutreffend ist.

3. *Suggestopädie*

Der Titel einer kleinen Schrift von *Philipov* lautet „Suggestopädie – ein Modell ganzheitlichen Lernens“ (1981). *Philipov* lehnt sich eng an die Vorstellungen von *Lozanov* an und stellt eine in sich wesentlich stimmigere Konzeption als *Schuster* vor.

In einem kulturhistorischen Vergleich wird die Tradition der Wissensvermittlung in der Antike analysiert.

„Die Werke von *Homer, Hesiod* und *Euripides,* die nicht nur durch ihren poetischen und psychologisch-dramaturgischen Wert ausgezeichnet sind, sondern auch das enzyklopädische Wissen ihrer Zeit enthalten, wurden auswendig gelernt. In den Schulen von Athen wurde die Schrift erst in dem letzten Drittel des 5. Jh. v.Chr. eingeführt. Diese Innovation sowie auch der Einfluß der Werke von *Plato* haben zu einem veränderten rationalen Bewußtsein und zur ‚Entdeckung des Intellektes‘ geführt“ (S. 13).

Bei der Rezitation der Verse von *Homer* wurde beim Klang einer Harfe rhythmisch gesprochen, wobei beim Darbieter und Zuhörer vermutlich lebhafte Imaginationen erzeugt wurden. Der Bewußtseinszustand der homerischen Zeit wird als *intuitiv* und *rezeptiv* bezeichnet.

„Das Individuum hat an diesem Prozeß der Wissensaneignung mit seinem ganzen Wesen teilgenommen. Dadurch wurde sein Vorstellungsvermögen eingesetzt und unbewußte mit bewußten Vorgängen integriert“ (S. 14).

Abbildung 18: Intuitiv-rezeptiver Bewußtseinszustand der homerischen Zeit

Der Bewußtseinszustand unserer Zeit wird als *rational* und *analytisch* bezeichnet. Ein solcher Rationalismus mit seinen Bemühungen um Objektivität der Erkenntnis vernachlässigt „,... wichtige Aspekte und Fähigkeiten des Individuums, wie z.B. seine Affekte, Intuition und Vorstellungsvermögen..." (S. 14).

Abbildung 19: Rational-analytischer Bewußtseinszustand unserer Zeit

„In der Erziehung wird einseitig auf die Entwicklung des Intellekts Wert gelegt. Das Künstlerische und Musische wird von dem ‚objektiven Wissen' getrennt. Beim Kind schon wird die eigenschöpferische Bildphantasie oft gelähmt... Der *Homo rationalis* ersetzt den *Homo ludens.*

Eine wesentliche Komponente der psychischen Leistungsfähigkeit eines Kindes ist sein Interesse und seine Aufnahmebereitschaft. In einer entsprechenden Umgebung ist ein Kind spontan, neugierig, bereit für neue Erfahrungen. Es lernt gern und mit Freude, besonders beim Spielen. Es besitzt Vorstellungskraft, ist imaginativ; es kennt keine Grenzen: ‚Alles ist möglich!' Begrenzende Vorstellungen, insbesondere von der eigenen Lernfähigkeit, findet man mehr mit zunehmendem Alter und in ausgeprägter Form erst beim Erwachsenen...

Ein Grundprinzip des ganzheitlichen Lernens ist die dialektische Einheit von gegensätzlichen Bewußtseinszuständen, dem rational-analytischen und dem intuitiv-rezeptiven Zustand.

Diese Integration und Einheit bewirkt nicht nur eine erhöhte Gedächtnisleistung, sondern fördert auch die Entwicklung der ganzen Person" (S. 15).

Die unterschiedlichen Bewußtseinszustände werden mit neurophysiologischen Bedingungen in Verbindung gebracht. Der intuitiv-rezeptive Bewußtseinszustand entspricht Aktivitäten der rechten Hemisphäre der Großhirnrinde und der rational-analytische Bewußtseinszustand solchen der linken Hemisphäre.

Abbildung 20: Ganzheitliches Lernen=rational-analytischer und intuitiv-rezeptiver Bewußtseinszustand

Eine erhöhte psychische Leistungsfähigkeit wird durch das Zusammenwirken der beiden Hemisphären erklärt.

„Das Gehirn als ein Modell der physiologischen Integration spiegelt die Einheit von rational-analytischen und intuitiv-rezeptiven Bewußtseinszuständen wider, die ein Grundprinzip des ganzheitlichen Lernens ist. Die integrative Funktion der beiden Hemisphären aktiviert und potenziert das geistige Potential des Menschen" (S. 16).

Die – zusätzliche – Aktivierung der rechten Hemisphäre wird beim Lernen besonders durch die „paralinguistischen Markierungen" (= vokale und nonvokale Zeichen im Rahmen der nonverbalen Kommunikation), durch die Wirkung der Musik sowie die suggestive Atmosphäre erreicht.

Beim suggestopädischen Lernprozeß werden drei Phasen unterschieden (S. 18f.):

1. Die Kognitive Phase
Einführung und Bearbeitung des Lernmaterials.
Sprachliches Lernmaterial (z.B. im Umfang von „ca. 200 neuen Worten pro Lektion") wird vom Leser „kognitiv bearbeitet", wobei „Verstehen" betont wird (rational-analytischer Bewußtseinszustand).
Angenehme und entspannte Atmosphäre.
Schauspielerische Präsentation des Materials.
Vergabe fiktiver Identitäten.

2. Die Rezeptive Phase

Aneignung des Lernmaterials unter Begleitung von Musik.
Allmählicher Übergang in den intuitiv-rezeptiven Bewußtseinszustand.
Pseudopassivität und „innere Aktivität".
Innerhalb der Rezeptiven Phase lassen sich vier Stufen unterscheiden:

- Einführungsinstruktion
- Erste Konzert-Sitzung
  Lehrer liest Material ausdrucksvoll vor, Lerner lesen mit. Musik: Langsame Sätze aus Werken von *Mozart, Haydn* und *Beethoven.*
- Entspannungsübung
  Suggestive Atmosphäre, verbalinduzierte Entspannung, spezielle Musik, „positive Kraft symbolischer mentaler Bilder". Dessugestion und positive Suggestion.
- Zweite Konzert-Sitzung
  Entscheidender Teil des Verfahrens.
  Weitgehendes Erreichen des intuitiv-rezeptiven Bewußtseinszustandes.
  Nur noch akustische Darbietung des Lernmaterials.
  Langsame Sätze von Barock-Musik *(Bach, Vivaldi, Händel, Teleman, Pachelbel)* mit etwa 60 Schlägen pro Minute, die einer ruhigen Puls-Frequenz von ebenfalls 60 Schlägen pro Minute entspricht.

3. Aktive Phase

Aktivieren des assimilierten Lernmaterials.
Übung der „leichten Zugänglichkeit zum Gedächtnisinhalt".
Herstellung „optimaler Abruf-Bedingungen beim Lernen".
Überführung „passiven Wissens" in eine „aktive Form des Beherrschens".

„Das passive Wissen wird durch das Spielverhalten in einer freien und spontanen Form *aktiviert,* ausgelebt und *ohne Angst vor Fehlleistung* mit immer weniger werdenden Hemmungen in den *Kommunikationsprozeß* eingebracht. Hier wird ein direkter Zugang zu der Zielsprache durch den kommunikativen Akt geschaffen" (S. 24).

Die Aktive Phase beginnt, wie bei *Lozanov,* immer am nächsten Tag.

Eine solche Lern-Sequenz umfaßt für die Kognitive Phase und die Rezeptive Phase zusammen drei Unterrichtsstunden und für die Aktive Phase drei bis sechs Unterrichtsstunden.

4. *Psychopädie*

Baur (1984) spricht von der „Psychopädischen Variante der Suggestopädie".

Baur kritisiert, daß bei den meisten Autoren, die sich auf *Lozanov* beziehen, Sprachenlernen mit dem Lernen von Vokabeln und idiomatischen Redewendungen gleichgesetzt wird. Er unterstellt, daß den verschiedenen Formen von Superlearning und SALT falsche Vorstellungen über den Erwerb einer Fremdsprache zugrundeliegen. Als wesentlicher Unterschied zwischen der Psychopädie nach *Baur* und suggestopädischen Verfahren wird herausgestellt, daß bei der Psychopädie bereits in den Präsentationsphasen „Elemente der natürlichen Kommunikation" eine wichtige Rolle spielen.

„Die Psychopädie integriert Elemente der natürlichen Face-to-Face-Kommunikation von Anfang an in den Lern- und Erwerbsprozeß, um dadurch einerseits den anthropogenen Prozessen des Spracherwerbs zu entsprechen (der Erstsprachenerwerb erfolgt ausschließlich in der Kommunikation!) und andererseits von vornherein ein Maximum an *Aktivität* in den Unterricht hineinzutragen" (S. 295).

Beim Spracherwerb wirken kognitiv-analytische Strategien, die auf eine *linguistische Kompetenz* abzielen, und intentionale Tendenzen, die auf eine *kommunikative Kompetenz* ausgerichtet sind, zusammen. Erstere werden als linkshemisphärische und letztere als rechtshemisphärische Aktivitäten aufgefaßt. Der wichtigste Anwendungsbereich der Psychopädie sind Intensivkurse zum Fremdsprachenlernen, bei denen das *Sprechtraining* und das *Hörverstehen* im Vordergrund stehen.

Die psychopädische Lehr-Sequenz gliedert sich in folgende Phasen (S. 308f.):

Vorbereitungsphase
- kurze Information über die Psychopädie
- Einführung in die Entspannung

A. Präsentationsphasen

Die Präsentationsphasen nehmen höchstens ein Drittel der gesamten Zeit ein.

1. Einführungsphase (ca. 20 min.)
   Einführung des Lektionstextes, globale Sinnvermittlung,
   Erwecken von Interesse durch lebendige Darstellung,
   Vergabe fiktiver Identitäten
2. Reproduktionsphase (ca. 90 min.)
   Aktive Reproduktion des Textes, Abbau von Lern- und Artikulationshemmungen durch Einbeziehen körperlich-motorischer Aktivitäten

Die Reproduktionsphase ist eine für den Verlauf und das Gelingen des psychopädischen Unterrichts entscheidende Phase. Sie ist gleichzeitig auch die zeitaufwendigste Einheit der Präsentationsphasen; für sie sollte ca. die Hälfte der für die Präsentation insgesamt zur Verfügung stehenden Zeit verplant werden.

3. Analytische Phase (ca. 40 min.)
   Zuordnung von Lautbild und Schriftbild, analytisch-kognitive Festigung durch Fokussierung verschiedener Merkmale des Textes
4. Assoziative Phase (ca. 30 min.)
   Emotional-entspannte, nichtanalytische Wahrnehmung des Textes, Vermittlung von Ruhe und Wohlbefinden

Die Analytische Phase und Assoziative Phase sind ungefähr der 1. und 2. Konzertphase bei *Lozanov* vergleichbar.

B. Aktivierungsphasen

5. Übungsphase I (4-6 Std.)
   Überführen des Textes in die gewünschten Fertigkeitsbereiche, Aufrechterhalten einer spielerischen, kommunikationsfördernden Atmosphäre
6. Übungsphase II (4-6 Std.)
   Freie Gestaltung von Gesprächen/Kommunikationssituationen/Spielen.

5. *ACT*

Dhority (1984, deutsch 1986) spricht vom „ACT-Ansatz ganzheitlichen Lehrens und Lernens". ACT ist die Abkürzung für „Acquisition through creative teaching" (Wissenserwerb durch kreatives Lehren). Das Buch ist sehr anschaulich und anregend und versteht sich auch als „praktischer Ratgeber". Als Ausnahmefall im Bereich suggestopädischer Literatur wird explizit auf (amerikanische) linguistische Ansätze des Fremdsprachenerwerbs Bezug genommen.

Die hauptsächlichen Aspekte des ACT-Ansatzes sind die *Beschleunigung* des Lernvorgangs und *Ganzheitlichkeit.* Ganzheitliche Lernprozesse zeichnen sich dadurch aus, daß das Gehirn mit allen funktionellen Möglichkeiten aktiviert wird. Dies geschieht besonders durch „Input-reiche" Gestaltung der Lernsituation. Die Folge ist eine ganzheitliche Entfaltung der Persönlichkeit mit ihren kognitiven und emotional-motivationalen Möglichkeiten. Neben der physischen Umwelt (Ausgestaltung des Klassenraums) wird ausführlich die Rolle des Lehrers besprochen.

„Von allen Faktoren, die im ACT-Ansatz zur Orchestrierung einer optimalen Lernumgebung benutzt werden, wird die Suggestion als der wichtigste angesehen, weil Suggestion vor allem den Schülern helfen kann, ihre einengenden Selbstkonzepte, Werturteile und Ängste zu überwinden" (S. 61).

„Jeder Lehrer ist ein aktiver und mächtiger Träger von Suggestion, egal, ob er sich dieser Tatsache bewußt ist oder nicht. Der ACT-Lehrer ist sich darüber so bewußt wie möglich, um seine Macht und seinen Einfluß möglichst zweckmäßig und konstruktiv einsetzen zu können" (S. 64).

Rosenthal/Jacobsen (1968) sprechen in diesem Zusammenhang vom „Pygmalioneffekt". Darunter versteht man die – nicht unwidersprochene – Annahme, daß die von Lehrern gegenüber Schülern gehegten Einstellungen und Erwartungen das Verhalten der Schüler tatsächlich beeinflussen (Sich-selbst-erfüllende Prophezeiung). Die für den Lehrer mehr oder minder unbewußte Kommunikation von Erfolgserwartung wäre demnach *eine* Voraussetzung für den später wirklich eintretenden Lernerfolg.

Dhority behandelt eine Reihe von Suggestionstechniken zum bewußten und professionellen Einsatz der Suggestion.

Die ACT-Lehr-Sequenz gliedert sich in folgende Abschnitte (S. 106f.):

1. Das globale Präludium
- Zusammenfassende (globale) Vorstellung des Materials
- Suggestion, daß der folgende Unterricht interessant, angenehm und verständlich ist.

2. Das „aktive" Konzert

3. Das „passive" Konzert

Beide Konzerte ähnlich wie bei *Lozanov*. Konzertphasen ungefähr jede achte Stunde des Kurses.

4. Aktivierungsphasen
- Die primäre Aktivierung
  Chorlesen, Rollenlesen mit Kostümen, Verständnisüberprüfung.
- Die sekundäre Aktivierung
  Reale Kommunikationsangebote.

6. *Weitere Informationen über Suggestopädie*

Suggestopädische Ideen und methodische Konzeptionen haben in der Bundesrepublik bisher kaum Eingang in die universitäre Fremdsprachendidaktik oder in die Pädagogische Psychologie gefunden. Die erschwert die Rezeption dieser interessanten, aber nicht unproblematischen Innovation. Als eine Informationsquelle im deutschsprachigen Raum kann die von *Hinkelmann/Hinkelmann* herausgegebene Zeitschrift „Neues Lernen" angesehen werden. Die meisten der hier publizierten Aufsätze weisen ihrerseits ebenfalls kaum Verbindungen zu den o.g. akademischen Disziplinen auf. Die Überwindung dieser Isolation der Suggestopädie könnte auf beide Seiten anregend wirken.

2.2 Merkmale suggestopädischer Lehrverfahren

Zunächst werden die wesentlichen Gesichtspunkte suggestopädischer Verfahren zusammengestellt. Hierbei sind Cassetten-Programme, auch wenn sie sich mit der Bezeichnung „Suggestopädie“ oder „Superlearning“ schmücken, auszuschließen, da ihnen das wesentlichste Element, der suggestive Einfluß eines (Life-)Lehrers, fehlt.

Anschließend wird die Grundstruktur der suggestopädischen Lehr-Lern-Sequenz beschrieben.

Den Abschluß bilden Mitteilungen über Versuche, die Suggestopädie in der Universität – außerhalb des Fremdsprachenlernens – anzuwenden.

2.2.1 Die wesentlichen Elemente des suggestopädischen Ansatzes

Alle Autoren, die sich mit Suggestopädie befassen, übernehmen die Auffassung von *Lozanov* in allen zentralen Punkten, und alle Lehr-Lern-Sequenzen folgen weitgehend der Grundstruktur der ursprünglichen bulgarischen Version.

Als wesentliche Merkmale der Suggestopädie sind anzusehen:

1. Betonung der parabewußten Beeinflussung des Lerners, besonders durch Elemente der nonverbalen Kommunikation und durch spezifische Gestaltung der Lernumwelt (Klassenraum).
2. Überwindung von Lernhemmungen durch desuggestiv-suggestive Beeinflussung, Schaffung einer von positiven Emotionen geprägten Lernatmosphäre und Herstellung von Erfolgszuversicht.
3. Betonung des Beziehungsaspektes zwischen Lehrer und Schüler. Bewußter Einsatz von Autorität und Erzeugung von Vertrauen.
4. Lernen findet weitgehend in einem Zustand der Entspannung statt. Zu diesem Zweck werden meditative und (seltener) auch körperliche Entspannungsübungen durchgeführt.
5. Darbietung des Lehrstoffes mit Musik. Die Musik ist, mindestens im zweiten Konzert, nicht nur Hintergrundmusik, sondern soll ein ästhetisches Erlebnis sein.
6. Eher analytische Phasen, die durch Aktivität des Lerners ausgezeichnet sind, wechseln sich ab mit solchen, in denen der Lerner eher passiv und rezeptiv zu sein scheint (Pseudopassivität besonders während des zweiten Konzerts).
7. Lernen auf zwei Ebenen. Bei der Präsentation des Lehrstoffes spielen neben den i.e.S. sprachlich übermittelten Informationen auch dramatische Gestaltung (Dialoge, Intonation, Rhythmus) und Imagination eine große Rolle.
8. Großer zeitlicher Anteil der Übungen. Die Übungsphasen dauern *mindestens* ebensolange wie die Präsentationsphasen. Dabei bedeutet Übung nicht

nur Wiederholung des Lehrstoffes, sondern Anbahnung von Transfer (Lernübertragung) und Herstellung von Anwendungsbezügen.

Die suggestiven Elemente des Verfahrens, wobei der Begriff der Suggestion in einem sehr weiten Sinn gebraucht wird, werden eigentlich in allen genannten Punkten sichtbar. Suggestive Beeinflussung zielt einerseits auf den emotional-motivationalen Bereich (Abbau von Lernhemmungen, angenehme Lernatmosphäre, ästhetische Erlebnisse, Motivation und Erfolgszuversicht) und andererseits auf den kognitiven Bereich (Ergänzung und Verbesserung des verbalen Lernens durch periphere Reize und durch Imagination). Diese Einflußnahme wird nicht so sehr durch verbale Appelle, sondern durch die auf der Seite des Lerners nur parabewußte Wahrnehmung des Lehrers und des suggestopädischen Rituals realisiert.

Es wird unterstellt, daß die einzelnen pädagogischen Maßnahmen und die gesamte suggestive Atmosphäre zu einer verstärkten Aktivierung der rechten Hemisphäre des Cortex führen. Durch eine Integration der links- und rechtshemisphärischen Funktionen werden die – sonst ungenutzten – Reserve-Fähigkeiten des Menschen mit in den Lernprozeß eingebracht. Dies führt zu der (unterstellten) beträchtlichen Lernsteigerung.

2.2.2 Die suggestopädische Lehr-Lern-Sequenz

Folie

Bei einem Vergleich der verschiedenen Modelle läßt sich eine gleiche Grundstruktur nachweisen:

1. Vorbereitungsphase

Diese Phase kann sehr unterschiedlich strukturiert sein.

Sie kann beispielsweise enthalten:

- Informationen über die Suggestopädie
- Informationen über den Ablauf des Kurses;
- Positive Suggestion
- Imaginationsübungen
- Mentale Entspannung
- Körperliche Entspannung
- Rückblick auf Behandeltes, Vorschau auf neuen Lernstoff
- Vergabe fiktiver Identitäten.

2. Kognitive Phase

Diese Phase tritt unter unterschiedlichen Bezeichnungen auf und ist mehr oder minder ausgeprägt. Manche Autoren beginnen nach einer Vorbereitungsphase gleich mit dem 1. Konzert, das dann eine ähnliche Funktion hat.

Hauptinhalte sind:

- Globale Sinnvermittlung und aktive Bearbeitung des Materials im Detail;
- ggf. Visualisierung des Lernmaterials;
- besonders beim Sprachenlernen auch dramatische Präsentation, Dialog, Pantomine u.ä.

3. Rezeptive Phase
Allmählicher Übergang zu „Pseudopassivität“ und „innerer Aktivität“.

Innerhalb der Rezeptiven Phase lassen sich (wie beispielsweise bei *Philipov)* vier Stufen unterscheiden:
- Einführungsinstruktion
  Informationen über den Ablauf der Rezeptiven Phase und Fortsetzung der positiven Suggestion aus der Vorbereitungsphase;
- Erste Konzert-Sitzung
  Lehrer liest Material ausdrucksvoll vor, Lerner lesen mit. Langsame Sätze aus Orchesterwerken der Klassik.
- Entspannungsübung
  (Meist) verbalinduzierte Entspannung mit Musik.
- Zweite Konzert-Sitzung
  Entscheidender Abschnitt der Sequenz.
  Nur noch akustische Darbietung des Stoffes;
  Langsame Sätze aus Orchesterwerken des Barock;
  „Pseudopassivität“.

4. Aktivierungsphase
Auch als Übungsphase(n) bezeichnet. Meist in zwei Abschnitte gegliedert:
- Aktivierung passiven Wissens;
- Transfer und Anwendung in spielerischer und kommunikativer Form.

2.2.3 Anwendung der Suggestopädie außerhalb des Fremdsprachenlernens

Seit *Lozanov* betonen alle Autoren, daß die Suggestopädie eine Lehrmethode sei, die nicht auf das Fremdsprachenlernen beschränkt ist. Die Mitteilungen über solche Unterrichtsversuche sind allerdings außerordentlich spärlich und kaum aussagefähig.

Um das Verfahren nicht nur über sprachliche Berichte kennenzulernen, habe ich eine Reihe von suggestopädischen Kompaktseminaren an der Technischen Universität Braunschweig durchgeführt. Das Thema war dabei die Suggestopädie selbst. Ein solches Seminar von drei oder vier Tagen Dauer zeigte etwa den im folgenden beschriebenen Ablauf.

Der Seminarraum

Die Veranstaltungen fanden in einem abgedunkelten Raum des Medienpädagogischen Labors statt, der durch eine Ausstellung alter Projektionsgeräte und Kinomaschinen eine insgesamt stimulierende Atmosphäre ausstrahlt. Diese wurde noch dadurch unterstützt, daß Lehrtafeln über das Nervensystem aufgehängt waren, Hirnmodelle bereitstanden usw.

Der Ablauf

1. *Vorbereitungsphase*

Die Vorbereitungsphase gliedert sich in 3 Abschnitte: Einführung, Zwei Imaginationsübungen, Positive Suggestion.

Einführung
Nach der Begrüßung stellen sich die Teilnehmer vor und berichten, mit welchen Erwartungen sie in das Seminar kommen. Anschließend werden kurze Informationen über den weiteren Verlauf der Veranstaltung gegeben.

Abbildung 21: Die anti-suggestive Barriere

Zwei Imaginationsübungen
Die Lerner werden angeregt, sich bequem in ihren Sesseln zurückzulehnen, sich entspannt und ruhig zu fühlen, „sich gehen zu lassen". Es wird ihnen mitgeteilt,

daß die folgenden Übungen keine Aufgaben im üblichen Sinn darstellen und daß sich als Ergebnis ein Gefühl von mehr *Energie* und größerer *Ruhe* einstellen wird.

1. Übung
„Die elektrische Birne“ (5 Minuten)
„Schließen Sie die Augen und stellen sich vor, daß eine schwache elektrische Birne vor Ihnen hängt. Versuchen Sie, das Licht von Ihrem geistigen Auge heller und dann wieder schwächer werden zu lassen. Wechseln Sie zwischen Helligkeit und Dunkelheit ab. Stellen Sie sich jetzt vor, daß das Licht immer strahlender und heller wird. Versuchen Sie, es so hell werden zu lassen, daß alles erleuchtet ist. Lassen Sie sie dann ganz langsam immer mehr an Helligkeit verlieren, bis sie wieder die schwache elektrische Birne ist, die vor Ihnen hängt“ (nach *Lazarus* 1980, S. 39).

Der Lehrer erkundigt sich, ob die subjektive Erfahrung von mehr Energie und größerer Ruhe eingetreten sei.

2. Übung
„Erfolgserlebnis“
„Schließen Sie die Augen und stellen Sie sich ein persönliches Erfolgserlebnis vor. Denken Sie etwa an das Gefühl von Stolz, das Sie empfanden als Sie zum ersten Mal zehn Meter weit schwimmen konnten. Oder erinnern Sie sich an eine Reise, bei der Sie trotz zahlreicher Schwierigkeiten pünktlich am Zielort ankamen. Oder denken Sie an das Glücksgefühl nach dem Bestehen einer schwierigen Prüfung. Wie bei einem Dia-Projektor können Sie die Bilder einmal scharf einstellen und dann verschwommen sehen und anschließend wieder scharf einstellen.“

Es schließt sich die Frage an, ob die subjektive Erfahrung von mehr Energie und größerer Ruhe eingetreten sei.

Abbildung 22: Überwindung der anti-suggestiven Barriere und positive Suggestion

Positive Suggestion

Lernen ist für zahlreiche Menschen mit *unangenehmen* Erfahrungen verbunden. Sie denken an schwierige Hausarbeiten, drohende Klassenarbeiten und schlechte Zensuren.

Lernen kann aber auch als ausgesprochen *angenehm* erlebt werden. Ein solches Lernen ohne Druck, Streß und Anstrengung werden Sie jetzt kennenlernen.

Entspannungsübungen und Musik sorgen dafür, daß keine Lernbarrieren auftreten und fast spielerisch gelernt wird.

Ich denke, Sie werden eine überraschende Erfahrung machen: Sie werden heute einen ziemlich schwierigen Stoff ohne Anstrengung in angenehmer Atmosphäre lernen. Sie werden sich während der Veranstaltung und auch am Abend noch frisch fühlen. Sie werden feststellen, daß Sie intensiver lernen und daß der Lehrstoff länger behalten wird als bei einem normalen Vortrag. Durch die bevorstehende Lernerfahrung werden Sie darüber hinaus Ihre geistigen Fähigkeiten insgesamt entfalten.

Stellen Sie sich vor, Sie sitzen im Kino in einem bequemen Sessel und erwarten mit Interesse den Beginn der Vorstellung...

Abbildung 23: Autorität und Prestige des Lehrers und Infantilisierung des Lerners

2. *Kognitive Phase*

Diese zweite Phase findet in Form einer Vorlesung (in weitgehend freier Rede) zum Thema „Die beiden Hemisphären der Großhirnrinde“ statt (gekürzte Version des 1. Kapitels dieses Buches). Zur Visualisierung werden Dias (wiederum aus dem 1. Kapitel) und zusätzlich Demonstrationen an Hirnmodellen eingesetzt. Die Zuhörer stellen während der Vorlesung Fragen und beginnen hinterher spontan eine kurze Diskussion.

An diesen Vortrag schließt sich eine Kaffeepause von etwa 20 Minuten Dauer an.

3. *Rezeptive Phase*

Die Rezeptive Phase gliedert sich in 4 Abschnitte: Einführungsinstruktion, Erste Konzert-Sitzung, Entspannungsübung, Zweite Konzert-Sitzung.

Einführungsinstruktion

Ich habe Ihnen angekündigt, daß Sie einen ziemlich schwierigen Stoff ohne Anstrengung in angenehmer Atmosphäre lernen werden. Zum Teil werden Sie mir dies bereits jetzt – am Ende des Vortrags – bestätigen können. Die eigentlich neuartige und faszinierende Lernerfahrung steht Ihnen jedoch noch bevor.

Sie werden jetzt in „Lernkonzerten" einen künstlerischen Gesamteindruck von unserem Thema „Die beiden Hemisphären der Großhirnrinde" gewinnen. Nicht Anspannung und Streß, sondern Entspannung und Musikgenuß führen zu einer inneren Ruhe, die Ihre geistige Aufnahmefähigkeit wesentlich erweitern wird.

Nach Abschluß unserer Veranstaltung werden Sie feststellen, daß Sie intensiver gelernt haben und den Lehrstoff länger behalten können. Darüber hinausgehend werden Sie eine allgemeine Aktivierung Ihrer geistigen Reserven beobachten sowie eine Förderung der Freude am Lernen, der Kreativität und der Kommunikationsfähigkeit.

Erste Konzert-Sitzung

Der Vortragstext wird ausdrucksstark unter besonderer Beachtung von Intonation und Rhythmus vorgelesen und die Lerner lesen mit. Als Hintergrundmusik erklingt von *Haydn* das Konzert für Flöte und Orchester in D.

Entspannungsübung mit Musik (15–19 Minuten)

Schließe Deine Augen!
Lasse alle Spannung fallen!
Gib Dich ganz dem angenehmen Zustand der Entspannung hin!
Du möchtest keine Leistung erbringen, sondern den angenehmen Zustand des Entspanntseins genießen.
Entspanne Dich und lasse Deine Muskeln locker!
Atme ruhig und entspannt!
Atme entspannt und ruhig!
Der Atem wird ruhig und gleichmäßig!
Du bist ruhig und entspannt, entspannt und ruhig.

Wenn Gedanken kommen, lasse sie wieder gehen.
Halte keinen fest!
Schiebe keinen weg!
Wenn Gedanken kommen, lasse sie einfach wieder gehen.
Genieße die Vorstellung, daß Dich im Augenblick niemand und nichts behelligen kann.
Keine Pflichten, keine Aufgaben sind zu erledigen.
Alles hat Zeit für später.

Die Ruhepause geht allmählich zu Ende.
Wir haben neue Kräfte geschöpft für die weitere Arbeit.

Wir sind ruhig und entspannt.
Entspannt und ruhig, entspannt und munter, entspannt und *munter.*
Öffne Deine Augen!
Bewege Deine Füße, balle die Fäuste, winkele die Arme an und mache einen tiefen Atemzug!

Abbildung 24: Meditative Entspannungsübung

Zweite Konzert-Sitzung
Die Lerner erhalten den Hinweis, in erster Linie der Musik zuzuhören und nicht absichtlich auf den Text zu achten. Viele schließen, auch ohne Aufforderung, die Augen. Es erklingen beispielsweise folgende Musikstücke: *Pachelbel* Kanon in C, *Bach* Air aus Orchester-Suite Nr. 3 in D, *Bach* Adagio aus Violin-Konzert Nr. 1 in A-Dur.

4. *Aktivierungsphase*

Die Aktivierungsphase findet am nächsten Tag statt und umfaßt vier Übungsgruppen: Quiz, Identifikationsspiel, Pro und Contra, Filmdokumentation.

Quiz
In Form einer Partnerübung ziehen die Teilnehmer Aufgabenkarten zu den Grundbegriffen der Vorlesung (z.B. Wie ist eine Nervenzelle aufgebaut?) und beantworten sich gegenseitig die Fragen.

Identifikationsspiel
Dies ist eine Gruppenübung mit ähnlichen Kärtchen. Die Aufgabe „Ich bin ein(e)...“ (corpus callosum; sensorisches Rindenfeld) soll in sprachlicher oder pantomimischer Form bewältigt werden.

Begriffe

Pro und Contra
Zwei Diskussionspunkte werden zur Auswahl gestellt. Ein oder auch mehrere Gruppenmitglieder übernehmen die Aufgabe, zu unterschiedlichen Positionen Stellung zu nehmen:

Die linke Hemisphäre wird zu Recht die dominante genannt.

Es ist nötig, in den Schulen neue Lernmethoden einzuführen, um die rechte Hemisphäre stärker zu aktivieren.

„Filmdokumentation"
Es wird die fiktive Situation der Herstellung eines Lehrfilms über die Experimente von *Sperry* geschaffen. Eine (vereinfachte) Versuchsanordnung und die nötigen Utensilien sind bereitgestellt. In einem Rollenspiel werden die Kommunikation des Experimentators mit seinen Versuchspersonen und seine Kommentare dargestellt.

Abbildung 25: Spiel, Kommunikation, Ausdruck in der Aktivierungsphase

5. *Test* (Lückentext)

In einem zweiten Durchgang der suggestopädischen Lehr-Lern-Sequenz wurde das Thema „Suggestopädie" in vergleichbarer Weise behandelt. Vor der abschließenden Diskussion und Bewertung des Verfahrens wurde noch ein „konventioneller" Vortrag zum Thema „Das sinnvolle, verbale Lernen" geboten.

Mit zwei verschiedenen Tagesabläufen konnten Erfahrungen gesammelt werden: Vorbereitungsphase, Kognitive Phase und Rezeptive Phase fanden entweder von 14–18 Uhr oder von 17–21 Uhr statt. Die Aktivierungsphase am nächsten Morgen dauerte etwa zwei bis drei Stunden und war damit weniger lang als in Sprachlehr-Programmen.

2.3 Ganzheitliches Lernen

2.3.1 Verschiedene Begriffe von Ganzheit

Seit *Lozanov* betonen alle Autoren die „Ganzheitlichkeit" des Verfahrens. Eine solche Hervorhebung bedeutet immer, daß man der Meinung ist, bisheriges Lehren und Lernen habe wesentliche Aspekte vernachlässigt.

Der Begriff „Ganzheit" hat allerdings sehr unterschiedliche Inhalte.

Ganzheit wird einmal aufgefaßt als *anthropologische Einheit* von Leib, Geist und Seele. Eine solche Auffassung findet sich von den Erziehungslehren mittelalterlicher Klosterschulen über *Comenius* bis zur Waldorf-Pädagogik von *Steiner*.

In einem ähnlichen Verständnis wird ganzheitliches Lernen mit dem Ziel der *sittlichen Erziehung des ganzen Menschen* (Menschenbildung) begründet. Ein namhafter Vertreter ist hier *Pestalozzi*.

Unter Ganzheitlichkeit wird auch die *gegenseitige Ergänzung verschiedenartiger Lernprozesse* verstanden. Beispielsweise Kombination von geistigen und manuellen Tätigkeiten (Arbeitsschulbewegung) oer Zusammenwirken von eigenen Erfahrungen (selbstinitiiertes Lernen i.S. von *Rogers*, Projektmethoden) und Unterweisung (Unterricht nach Lehrplänen).

Ganzheitlich kann auch die *Präsentation des Lehrstoffes* sein. Zum einen handelt es sich hierbei um Gliederung des Unterrichts in Sacheinheiten und nicht in Fächer (ganzheitlicher Unterricht im ersten Schuljahr) und zum anderen um einzelne Lehrgänge (analytische Verfahren im Erstlese- und -schreibunterricht). In diesem Sinne ganzheitliche Konzepte beziehen sich auf die Ganzheits- und Gestaltpsychologie.

Seit einiger Zeit wird eine fundamentale Krise der Menchheit konstatiert, ein Zusammenbruch des bisherigen Weltbildes und der fundamentalen Wertvorstellungen (z.B. *Capra* 1983). Propagiert wird ein neues, *holistisches Weltbild*. Physikalische, biologische, psychische, gesellschaftliche und kulturelle Phänomene hängen voneinander ab und bilden integrierte Ganzheiten. Neben einer neuen Ethik kann nur ein Systemdenken (komplexes Denken in Netzen) das globale Weiterleben der Menschheit sichern.

2.3.2 Hirnbiologische Begründung von Ganzheit

Ganzheitliches Lernen in der suggestopädischen Literatur bedeutet auf der psychischen Ebene Lernen in zwei verschiedenen Bewußtseinszuständen und auf der physischen Ebene zusätzliche oder verstärkte Aktivierung der rechten Hemisphäre der Großhirnrinde.

Philipov (1981) bezeichnet die beiden unterschiedlichen Bewußtseinszustände als „rational-analytisch" und „intuitiv-rezeptiv" (Abb. 26).

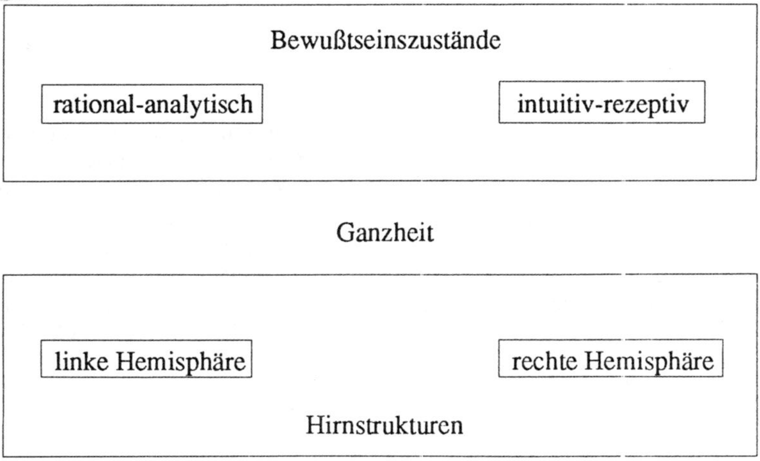

Abbildung 26: Ganzheit in suggestopädischer Sicht

Diese beiden Bewußtseinszustände sollen im folgenden unter den Bezeichnungen „Bewußtseinszustand A" und „Bewußtseinszustand B" etwas ausführlicher analysiert werden.

Exkurs

Der Begriff des Bewußtseins wird in außerordentlich vielfältiger Bedeutung gebraucht. *Pongratz* (1967) widmet den verschiedenen Bewußtseinsbegriffen 170 Seiten seines Buches. Neben unterschiedlichen erkenntnistheoretischen Traditionen gibt es eine große Anzahl psychologischer Bewußtseinstheorien. Aus psychologischer Sicht interessieren im Hinblick auf die Suggestopädie besonders die beiden folgenden kontroversen Auffassungen:

(1) Von Bewußtsein sprechen wir nur, wenn klare und unterscheidbare Wahrnehmungen bzw. Vorstellungen vorliegen. Bewußtseinsinhalte sind solche Phänomene, die durch Aufmerksamkeitszuwendung vom Blickfeld in den Blickpunkt gerückt werden *(Wundt)*.

Menschliches Bewußtsein ist untrennbar mit Sprache verbunden. Ein wesentliches Kriterium von Bewußtsein ist die Mitteilbarkeit seiner Inhalte durch verbale Äußerungen.

(2) Je nach Deutlichkeit der Bewußtseinsinhalte unterscheidet man von der Ohnmacht über den Tiefschlaf bis zu einem Zustand höchster Klarheit verschiedene Bewußtseinszustände.

Menschen verfügen auch über nicht-sprachliche Erlebnisse (z.B. Gefühle, innere Bilder, Träume). Bewußtsein ist der Gesamtinhalt unserer Ich-Erfahrung *(Leibniz)*.

Der Begriff „Bewußtsein" wird im folgenden in der zweiten Bedeutung gebraucht. Bewußtsein ist die Bezeichnung für „kognitive Präsenz von etwas". Diese Inhalte können mehr oder minder klar bewußt (oder vorbewußt bzw. unbewußt) und sprachlich oder nicht-sprachlich gegeben sein.

2.3.3 Der Bewußtseinszustand A

Exkurs: Rationalismus

Der Rationalismus ist ein erkenntnistheoretischer Standpunkt, dessen Grundannahme darin besteht, daß Erkennen vor allem durch Denken erfolgt. Bereits in der griechischen Philosophie *(Zenon, Platon)* wird verneint, daß Wahrheit über die Sinneserkenntnis gewonnen werden kann. Abstraktes Denken, Erfassen logischer Gesetzmäßigkeiten und z.T. auch Reduktion des ,,reinen" Denkens auf die Mathematik *(Pythagoras)* stellen den Rationalismus in Gegensatz zum Empirismus, insbesondere zum Sensualismus.

Als Begründer des modernen Rationalismus gilt *Descartes* (,,Ich denke, also bin ich"). Die in der griechischen Philosophie vorherrschende Auffassung, daß Denken in erster Linie das Aufsuchen *gegebener Begriffe* sei, wandelt sich allmählich zu dem Verständnis, daß Denken als *schöpferischer Akt* aufzufassen ist, bei dem neue Inhalte gewonnen werden *(Kant, Hegel).*

Wenn man heute von ,,rational-analytisch" spricht, ist folgender Inhalt gemeint:

rational (lat.) = verstandesmäßig, vernünftig
analytisch (griech.) = zergliedernd, auf einzelne Merkmale untersuchend.

Beim *analytischen Denken* wird ein Ganzes in seine Bestandteile zerlegt. Es ist ein Verfahren, um von komplexen Sätzen (Begriffen) zu elementaren Sätzen (Begriffen) zu gelangen. Die entgegengesetzte Denkbewegung ist das synthetische Denken, bei dem durch gedankliche Verknüpfung ein Ganzes entsteht. Dies ist ein Verfahren, um von elementaren Sätzen (Begriffen) zu komplexen Sätzen (Begriffen) zu gelangen.

Beim *Wissenserwerb,* im Gegensatz beispielsweise zum kreativen Problemlösen, scheinen bei *Erwachsenen* analytische Denkvorgänge bedeutsamer zu sein als synthetische.

Bei der Analse i.w.S. können neben der zergliedernden Untersuchung von Begriffen und komplexen Erfahrungen auch eine Zurückführung des Phänomens auf seine Bedingungen bzw. eine Beschreibung seiner Folgen stattfinden.

Informationsverarbeitung in Form des analytischen (oder rational-analytischen) Denkens erfaßt *logische Strukturen* und bildet diese vorrangig in sprachlicher oder mathematischer Form ab. Der Begriff ,,klar bewußt" meint hier das Erfassen dieser logischen Strukturen unter weitgehender Abstraktion der Besonderheiten des Phänomens.

Beispiel:

,,Aggression" ist nicht die anschauliche Vorstellung eines konkreten feindseligen Aktes, sondern ein Begriff mit den folgenden beiden kritischen Attributen: Einer Person (oder Sache) einen Schaden zufügen *und* dieses absichtlich tun.

Der Begriff ,,Aggression" beinhaltet ggf. außerdem eine Erklärung der Bedingungen solcher Interaktionsformen, beispielsweise durch die Theorie des Modell-Lernens.

2.3.4 Der Bewußtseinszustand B

Obwohl der Begriff der Intuition auch bei Rationalisten *(Descartes, Leibniz)* vorkommt, versteht man heute darunter etwa folgendes: direkte Erkenntnis, die durch Unmittelbarkeit und Plötzlichkeit gekennzeichnet ist; eingebungsartiges, unmittelbares Erfassen des Wesentlichen einer Sache; Denken, dessen einzelne Abschnitte nicht voll bewußt werden; Offensichtlichkeit, Evidenz, Gefühl der Gewißheit, das Wesentliche erkannt zu haben; nacherlebendes Verstehen von Zusammenhängen; schöpferische Eingebung, Phantasie.

Bei den Rationalisten war Intuition das Erfassen vorgegebener (a priori) Ideen und Begriffe, während heute Intuition auch als ,,schöpferische Phantasie" (z.B. beim künstlerischen Schaffen und wissenschaftlichen Forschen), als ,,Einfühlung" *(Dilthey)* oder als ,,Sympathie zum Gegenstand" *(Bergson)* aufgefaßt wird. Hier werden sehr deutlich irrationale Züge sichtbar. Einzelne Autoren betonen allerdings auch die Notwendigkeit, eine intuitiv gewonnene Einsicht nachträglich mit rationalen Methoden zu überprüfen.

Wesentlich ist, daß intuitive Erkenntnisse nicht auf eine kognitive Repräsentation in sprachlich-begrifflicher Form beschränkt sind. In der Regel sind imaginative und emotionale Elemente deutlich erkennbar. Der Vorgang der Intuition und das auf diese Weise gewonnene Wissen erreichen häufig nicht die ,,klar bewußte" Ebene des analytischen Denkens.

Die Annahme eines gestuften Bewußtseinskontinuums von ,,klar bewußt" bis ,,unbewußt" und somit der Begriff des *,,kognitiven Unbewußten"* schaffen allerdings eine Reihe von theoretischen und empirischen Problemen. Unbewußte Wahrnehmungen und unbewußtes Lernen werden von der Person nicht registriert und können demnach nicht sprachlich mitgeteilt werden. Sie können, ähnlich wie die unbewußten Triebimpulse bei *Freud*, aus den Leistungen des Subjekts erschlossen werden. Wahrnehmungen, Vorstellungen und Denkprozesse in der Grenzzone zwischen ,,klar bewußt" und ,,unbewußt" (,,vorbewußt") wären demnach bis zu einer gewissen Grenze verbalisierungsfähig.

Wenn in diesem Zusammenhang von einem ,,intuitiv-rezeptiven" Zustand gesprochen wird *(Philipov)*, so ist dies leicht mißverständlich. Bei *Ausubel* (1974) ist ein rezeptives Lernen ein höchst aktiver Vorgang der Eingliederung eines in fertiger Form präsentierten Lehrstoffes in die kognitive Struktur des Lerners. Rezeptiv im Zusammenhang mit intuitiv meint dagegen, daß der Lerner den Lehrstoff nicht durch analytisches Denken, sondern durch ,,geistiges Schauen" erfaßt.

Intuition führt zu einer spontanen, kognitiven Organisation, die mit ihren sprachlichen *und* bildhaften, tonalen, bewegungsmäßigen und emotionalen Aspekten ein Phänomen reichhaltiger abbildet als das analytische Denken.

Beispiel:

Die Rezeption eines Musikstückes kann entweder vorrangig durch intuitives Hören der *Melodie* oder durch analytisches Erfassen des *Themas* erfolgen.

2.3.5 Der Beitrag der Suggestopädie

Neben der Betonung der motivationalen Seite des Lernens ist die (meist implizite) Beschreibung intuitiver Lernprozesse als der wesentlichste Beitrag der Suggestopädie zu einer veränderten Auffassung von Lernen anzusehen.

Durch ein besonders Beziehungsverhältnis zwischen Lehrer und Schüler (Autorität/Infantilisierung), durch Schaffung von Erfolgszuversicht (besonders Abbau der sog. intuitiv-affektiven Barriere), durch eine angenehme, entspannte Atmosphäre (gefördert durch mentale Entspannungsübungen), durch Betonung ästhetischer Momente (beispielsweise der Einsatz von Musik im 2. Konzert), durch Imaginationsübungen und dramatische Präsentation des Lehrstoffes wird jener Zustand der Pseudopassivität erreicht, der erst die vielgenannten „inneren Aktivitäten" ermöglicht. Diese sind als kognitive Organisation in Form intuitiver Prozesse aufzufassen. Eine solche Art des Lernens wird noch unterstützt durch die spezifische Gestaltung der Übungen, die nicht nur sprachliche Reproduktion des Lehrstoffs sind, sondern als spielerisch-kreativer, kommunikativer und anwendungsbezogener Umgang mit der Realität verstanden werden können.

Durch diese Art der Informationsverarbeitung wird die rationalistische Trennung des Subjekts vom Objekt der Erkenntnis (zumindest teilweise) aufgehoben. Der Lerner steht mit seiner ganzen Person im Lernprozeß, nicht nur mit seinem Intellekt, sondern auch mit seinen imaginativen und emotionalen Persönlichkeitsbereichen.

Es scheint eine sinnvolle Hypothese zu sein, daß Lernprozesse dadurch optimiert werden können, daß durch eine gezielte Lernorganisation nicht nur (klar bewußte) analytische Denkprozesse, sonern *zusätzlich* auch (mehr oder minder parabewußte) intuitive Vorgänge angeregt werden.

2.4 Behauptete Ergebnisse

2.4.1 Überblick

Als wichtigste Ergebnisse der suggestopädischen Methode werden von *Philipov* (1981, S. 26) unter einem *quantitativen Aspekt* eine „Erhöhung der Lernleistung" und eine „Erweiterung der Speicherkapazität des Langzeitgedächtnisses" und unter *qualitativem Aspekt*" die „ganzheitliche Entfaltung ... der Person des Lernenden" hervorgehoben.

Ein Bericht über empirische Untersuchungen zum suggestopädischen Unterricht ist ein ganz düsteres Kapitel. Der methodische Standard der großen Mehrzahl der Untersuchungen ist beklagenswert. Alle Fehlerquellen der Versuchsplanung werden reichlich ausgeschöpft.

Als Hauptmängel sollen erwähnt werden:

1. Ungenaue Definition der unabhängigen Variablen. Welche Merkmale weisen in Vergleichsuntersuchungen „das suggestopädische Verfahren“ und „das konventionelle Verfahren“ auf?
2. Ungenaue Definition der abhängigen Variablen. Was ist eine „erhöhte Lernleistung“? Erfolgt das Lernen „schneller“, „intensiver“, „leichter“? Wie äußert sich dieses?
3. Keine Diskussion der Validität (und Objektivität, Reliabilität) der Meßinstrumente.
4. Keine Diskussion der inneren Validität der Versuchsanordnung. Der häufigste Untersuchungsplan ist die Vortest-Nachtest-Anordnung ohne Kontrollgruppe. Bei diesem insgesamt wenig aussagefähigen Versuchsplan spielt außerem als Meßfehler die „Regression zum Mittelwert“ eine Rolle (leistungsschwache Schüler verbessern ihre Werte im Nachtest auch ohne experimentelle Behandlung relativ stärker in Richtung Mittelwert als leistungsstarke).
5. Keine Diskussion der äußeren Validität (Generalisierbarkeit). Die Ergebnisse, die an Schulklassen gewonnen werden, sind nur bedingt übertragbar, da durch Auslese und gemeinsame Lerngeschichte eine relativ homogene Gruppe entstanden ist.
6. Kaum multivariate Versuchspläne, um die behaupteten Effekte einzelner Variablen („Suggestion“, „Musik“) zu testen.
7. Unkritische Vergleiche von Befunden, aus Experimenten (systematische Bedingungsvariation und zufällige Zuordnung der Versuchspersonen zu den einzelnen Untersuchungsgruppen) mit Quasi-Experimenten (keine zufällige Zuordnung der Versuchspersonen) und nicht-experimentellen (vorwissenschaftlichen) Verfahren (routinemäßige Erhebungen in Schulklassen).
8. Meist sehr kleine Stichproben, was allerdings durch die kleinen suggestopädischen Lerngruppen bedingt ist.

   usw.

2.4.2 Die Ergebnisse von Lozanov

In einer Untersuchung aus dem Jahre 1965 (alle Angaben nach *Lozanov* 1978) erhielten zwei Gruppen von Teilnehmern 16 Lektionen (lessons) Französisch an *einem* Tag. Dabei wurden in einer dreistündigen Sitzung mit einer Pause von 15 Minuten 500 Wörter eingeführt. Bei der ersten Gruppe wurde die Hälfte der Wörter am nächsten Tag und die andere Hälfte drei Tage später in schriftlicher Form (?) abgefragt. Bei der zweiten Gruppe wurden alle 500 Wörter am nächsten Tag „überprüft“ (S. 13f.).

Ergebnis:

1. Gruppe (6 Vpn)	99,8%	korrekte Antworten alle
2. Gruppe (6 Vpn)	99,0%	500 Wörter betreffend.

In einer größer angelegten Studie, ebenfalls aus demJahre 1965 (S. 23f.), wurden drei Experimentalgruppen (suggestopädischer Unterricht) und drei Kontrollgruppen (konventioneller Unterricht) mit je 10–12 Studenten gebildet. Während einer Periode von 30 Tagen betrug die tägliche Unterrichtszeit 3 Zeitstunden.

Ergebnisse:
Eindrucksvolles Ausmaß von Begeisterung bei den Suggestopädie-Gruppen (!)
Die 60 (?) Studenten zeigen, daß jeden Tag im Durchschnitt 80 neue Wörter „einschließlich Grammatik, Rechtschreibung und Aussprache" gelernt wurden.
Ein Vergleich der Daten von Experimental- und Kontrollgruppen beweist „unzweifelhaft die Überlegenheit der suggestopädischen Lehrmethode" (keine Zahlenangaben!).

In einem anderen Versuch wird bei 15 Versuchspersonen in einer Sitzung an einem Tag das ganze neue Vokabular im Umfang von 1000 neuen französischen Wörtern eingeführt und in den folgenden 10 Tagen durch Grammatik und Sprechübungen vertieft.

Ergebnis:
Die durchschnittliche Anzahl (wann?) erinnerter (?) Wörter betrug 98,08% (S. 31).

Eine Zusammenfassung der Befunde von *Lozanov* gibt Tabelle 1:

Tabelle 1: Von Lozanov mitgeteilte Behaltensleistungen nach 1 Tag (S. 166)

Anzahl der Wörter pro Sitzung	Anzahl der Gruppensitzungen	Prozentsatz der memorierten Wörter pro Sitzung
bis 100	324	92,2
100 - 200	398	96,8
201 - 400	93	93,1
401 - 600	53	90,4
1000 - 1200	28	96,1

Es finden sich sonst keine Angaben über die „schriftlichen Tests". Bei dieser Tabelle sind es Übersetzungen der fremdsprachlichen Wörter ins Bulgarische. Ob es sich dabei um aktive Reproduktion oder um Wiedererkennen handelt, wird nicht klar. Bei den mitgeteilten Daten scheint es sich um Erhebungen am Tag nach dem Lernvorgang zu handeln.

Bezüglich der Langzeiteffekte meint *Lozanov,* daß suggestopädisch gelerntes Material nicht so „leicht vergessen" wird. Bei Übersetzungen von der Fremdsprache ins Bulgarische werden folgende Ergebnisse mitgeteilt (Tab. 2):

Tabelle 2: *Von Lozanov* mitgeteilte Behaltensleistungen nach langen Zeiträumen (S. 215)

	Prozentsatz des memorierten Materials		Zeitraum zwischen den Tests in Monaten	Vpn ohne Beschäftigung mit dem Material in der Zwischenzeit
Vpn	1. Test	2. Test		
24	92,6	82,4	bis 5	20
20	95,6	87,4	8 - 16	13
3	97,7	50,4	22	3

Die Versuchspersonen (Vpn) absolvierten den 1. Test gleich nach Abschluß des Lernvorgangs und den 2. Test nach dem angegebenen Zeitraum.

Lozanov betont die deutliche Verbesserung der Behaltensleistung durch suggestopädischen Unterricht im Vergleich mit herkömmlichen Lernverfahren (Abb. 27).

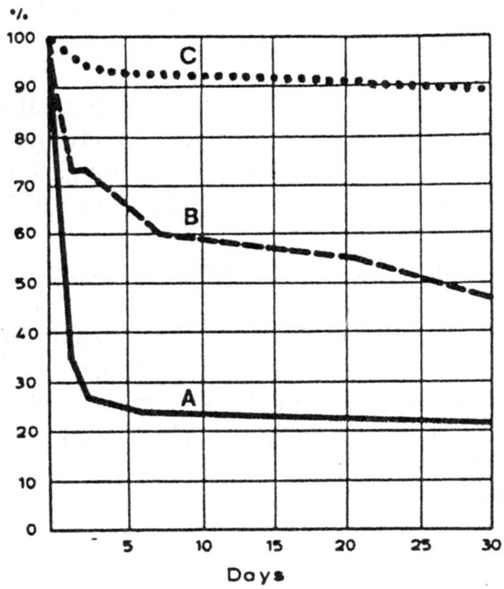

Abbildung 27:
Vergessenskurven
A sinnlose Silben (Ebbinghaus)
B Gedichte (Sokolov)
C Fremdsprachliche Wörter (Lozanov)
(verändert aus: Lozanov 1978, S. 212).

Bezüglich der Entwicklung anderer intellektueller Leistungen durch suggestopädischen Unterricht wird die Förderung der Fähigkeit, Probleme zu lösen, mitgeteilt. Bei 226 Studenten hat sich in einem Problemlösetest (?) der Prozentsatz richtiger Lösungen vom Beginn des Kurses bis zum Ende von 63,6% auf 75,3% erhöht (S. 220).

Lozanov sieht in der Suggestopädie auch therapeutische Auswirkungen („Suggestopädie als Psychotherapie-durch-Lernen", S. 223). In Fragebögen (?) wurden die Teilnehmer (mit fulltime job) an suggestopädischen Kursen am Anfang und am Ende nach ihrer „psychischen Gesundheit" befragt (Tab. 3).

Tabelle 3: Therapeutische Auswirkungen der Suggestopädie (S. 223)

	Vpn	Prozentsatz
negative Auswirkungen	0	0
keine Auswirkungen	327	82,6
positive Auswirkungen	69	17,4

2.4.3 Einige weitere Befunde

Die von *Baur* (1980) mitgeteilten Studien aus der Sowjetunion bestätigen weitgehend die Ergebnisse von *Lozanov*.

In einer großen Anzahl meist methodisch unzulänglicher und oft unpräzise beschriebener Studien im Westen werden Suggestopädie-Kurse mit konventionellem Unterricht in Schulklassen o.ä. verglichen, wobei z.T. „eine gleiche Stoffmenge" ausdrücklich erwähnt wird (z.B. *Schuster* 1976, *Peterson* 1977, *Applegate* 1983).

Bezüglich der zuweilen nicht näher präzisierten Leistungen („Sprachbeherrschung") ergibt sich folgendes Bild:

- Trotz einiger gegenteiliger Befunde erzielen bei gleichem Zeitaufwand die suggestopädischen Gruppen (relativ kurzzeitig) bessere Leistungen;
- Die suggestopädischen Gruppen absolvieren ein Programm schneller, teilweise wird von einem Drittel oder der Hälfte der Lernzeit bei suggestopädischen Gruppen berichtet („Lernbeschleunigung");
- Es wird häufig von erhöhter Lernmotivation (wie gemessen?) und Zufriedenheit gesprochen. (Diese Merkmale scheinen bei konventionellen Kursen nicht erfaßt zu werden!)

Eine Reihe von Studien befassen sich mit der Anwendung der Suggestopädie bei lernbehinderten Kindern (z.B. *Prichard/Taylor* 1978, *Schuster/Vincent* 1980). Die Ergebnisse sind widersprüchlich.

Bei der Überprüfung einzelner Merkmale des suggestopädischen Unterrichts stehen Untersuchungen über die Auswirkungen von Entspannung und Musik im Vordergrund. Bei einigen Studien werden die Effekte der beiden Elemente gemeinsam untersucht, bei anderen getrennt. Die Ergebnisse sind uneinheitlich: Besser gelernt wird mit Musik, mit Musik und Entspannung oder auch nur mit Entspannung (*Baur* 1982, *Gamble, I./Gamble, D./Parr/Caskey* 1982, *Johnson* 1982, *Schiffler* 1988).

Bei Messung der bioelektrischen Hirntätigkeit, beispielsweise durch das Elektroencephalogramm (EEG), ergeben sich beim Menschen zwei verschiedene Zustände: Im wachen, aber entspannten Zustand langsame Wellen von 8–13 Hz (α-Wellen) und im Zustand angespannter Aktivität hochfrequente Wellen von 14–30 Hz (β-Wellen).

Nončeva (1973) hebt in einer russischen Studie aufgrund solcher Messungen hervor, daß beim suggestiven Lernen keine Ermüdungserscheinungen, sondern im Gegenteil eine Zunahme der Aufmerksamkeit und Konzentrationsfähigkeit festzustellen seien. Auch amerikanische Studien (*Balevski/Ganovski* 1977) weisen unter herkömmlichen Lernbedingungen eine Zunahme hochfrequenter Wellen und im Zustand der Entspannung eine Zunahme langsamer Wellen nach.

2.4.4 Die Braunschweiger Ergebnisse

In den folgenden Bericht gehen die Erfahrungen von fünf Kompakt-Seminaren zum Thema Suggestopädie ein. Vorrangiges Ziel war dabei, einen Gesamteindruck von dem Verfahren zu gewinnen. Obwohl die erhobenen Daten ebenfalls einen bescheidenen methodischen Standard aufweisen, erlauben sie doch einige Schlußfolgerungen.

Die Veranstaltungen wurden in der oben beschriebenen Form durchgeführt. Die Teilnehmer waren Studenten verschiedener Studienrichtungen, Ingenieure und Planer aus Industriebetrieben sowie Lehrer.

1. Kurz- und Langzeiteffekte

Sofort im Anschluß an jede der beiden suggestopädischen Lehr-Lern-Sequenzen von je etwa sechs Stunden Dauer füllten die Teilnehmer Lückentexte aus. In Tabelle 4 werden die Ergebnisse des aus 24 Items bestehenden Tests zu hirnbiologischen Fachbegriffen mitgeteilt. Alle Aufgaben entsprechen in der *Bloom*schen Taxonomie (*Bloom* u.a. 1956) den Stufen „Wissen und Verstehen“.

Tabelle 4: Prozentsatz richtig gelöster Aufgaben in den Lückentexten zum Thema Hirnbiologie

Gruppe	Vpn	richtige Antworten in %
1	9	93,6
2	8	75
3	6	74,3
4	15	65,2

Bei den ersten vier Veranstaltungen wurden in den Lückentexten im Durchschnitt 74,1% der Aufgaben gelöst (n = 38).

Hierbei war eine relativ große Streubreite der Ergebnisse zu beobachten, was am Beispiel der Gruppe 4 demonstriert werden soll (Tab. 5).

Tabelle 5: Streubreite der Ergebnisse

	Richtige Lösungen										
	5	7	11	12	13	15	16	18	20	21	23
Anzahl	1	1	1	1	1	2	2	1	2	1	2

Eine zweite Erhebung mit dem gleichen Lückentext ergab nach 47 Tagen bei der 1. Gruppe (9 Vpn!) einen Abfall von rd. 94% auf rd. 72% der richtigen Lösungen.

2. Vergleichsuntersuchung

Es bereitet große Schwierigkeiten, in Felduntersuchungen die behaupteten Effekte des suggestopädischen Lehrverfahrens zu überprüfen. Es ist nötig, in einem experimentellen oder quasi-experimentellen Kontrollgruppenplan zwei ausreichend große und weitgehend vergleichbare Lerngruppen einer unterschiedlichen (aber zeitlich und hinsichtlich der „Attraktivität" und „Intensität" vergleichbaren) Instruktion auszusetzen. Bei den kleinen Stichprobenumfängen gilt es dann, (möglicherweise vorhandene) statistisch signifikante Unterschiede zwischen den jeweiligen Kurzzeit- und Langzeitauswirkungen im kognitiven und emotional-motivationalen Bereich durch geeignete Meßinstrumente nachzuweisen. Bei Wiederholungen dieser Versuchsanordnung wäre dann (bis zu einer gewissen Grenze) eine systematische Bedingungsvariation durchzuführen (Veränderung einzelner Merkmale der Lehre bei der Experimental- bzw. Kontrollgruppe, andere Versuchspersonengruppen).

Eine solche Vergleichsuntersuchung wurde mit einer Gruppe von Lehrern durchgeführt. Der einen Hälfte der Teilnehmer wurde zunächst das Thema „Hirnbiologie" suggestopädisch dargeboten und anschließend das Thema

„Suggestopädie“ in Form eines Seminars. Die zweite Hälfte der Teilnehmer nahm zunächst am Seminar „Hirnbiologie“ und anschließend am suggestopädischen Unterricht zum Thema „Suggestopädie“ teil (Tab. 6).

Tabelle 6: Vergleich der Ergebnisse von Suggestopädie-Gruppe und Seminar-Gruppe in zwei Tests.
Test Hirnbiologie 24 Aufgaben, Test Suggestopädie 30 Aufgaben.
$\bar{x}$=Durchschnitt der richtig gelösten Aufgaben,
n=Anzahl der Versuchspersonen, α = Signifikanzprüfung mit dem U-Test nach *Mann* und *Whitney,* zweiseitige Fragestellung.

Test	Suggestopädisches Verfahren	Herkömmliches Verfahren	α
Hirn-biologie	$\bar{x}$ = 15,8 n = 11	$\bar{x}$ = 19,7 n = 9	0,07 n.s.
Suggesto-pädie	$\bar{x}$ = 20,1 n = 9	$\bar{x}$ = 26,1 n = 9	0,2 n.s.

Es ergab sich bei beiden Tests kein signifikanter Unterschied zwischen den beiden Instruktionsformen. Bei den relativ kleinen Stichprobengrößen ist allerdings eine gewisse *Tendenz* zu besseren Leistungen bei den Seminar-Gruppen hervorzuheben.

3. Fragebogen zur suggestopädischen Lehr-Lern-Sequenz

Die 16 Punkte des Fragebogens (n = 39) setzen sich zusammen aus fünfstufigen Ratingskalen und aus offenen Fragen.

Aussage A = völlig richtig bzw. annähernd richtig;
Aussage B = völlig falsch bzw. annähernd falsch.

„Ich habe das Gefühl, in diesem Seminar mehr gelernt zu haben als sonst in der entsprechenden Zeit.“	A 56%
„Ich glaube, daß ich intensiver gelernt habe als sonst.“	A 69%
„Ich habe müheloser gelernt als sonst.“	A 80%
„Das Lernen in diesem Seminar war für mich anstrengend.“	B 77%
„Die einzelnen Sitzungen erschienen mir zu lang.“	B 59%
„Die behandelten Themen waren interessant für mich.“	A 87%
„Ich wüde gerne noch einmal an einem solchen Seminar teilnehmen.“	A 85%

Beurteilung der Musik
95% positiv: beruhigend, entkrampfend, konzentrationsfördernd, entspannend, angenehm, befreiend, motivierend.
5% negativ: ablenkend; „klassische“ Musik wird allgemein abgelehnt.

Beurteilung der Entspannungsübungen
95% positiv: entkrampfend, wohltuend, beruhigend, entspannend, konzentrationsfördernd, angenehm, Abbau von Streß und Müdigkeit.
5% keine Auwirkungen.

Beurteilung der dreimaligen Darbietung des Textes
61% positiv: intensivierend, vertiefend, gedächtnisfördernd, angenehm.
22% keine Auswirkung
17% negativ: ermüdend, zu lange Texte, unbequem durch Stühle.

Beurteilung der Aktivierungsphase
95% positiv: notwendig, sehr gut, sinnvoll, „super“, macht Spaß, lernfördernd, vielseitig, auflockernd, gedächtnisfördernd, interessant, effektiv, motivierend, abwechslungsreich (z.T. mit Einschränkungen – „Vom Lehrstoff abhängig“)
1 Vp z.T. ansprechend
1 Vp negativ: albern.

Beurteilung des Verhältnisses zu den anderen Lernern
79% positiv: angenehm, intensiv, frei, unbekümmert, partnerschaftlich, vertraut, offen, zwanglos, motivierend, entspannt, harmonisch.
21% Kein Unterschied zu anderen Veranstaltungen.

Beurteilung des Verhältnisses zum Lehrenden
78% positiv: weniger distanziert, vertrauensvoll, angenehm, entkrampft, gelöst, offen, entspannt, anregend, persönlicher, motivierend, begeisternd, partnerschaftlich.
19% Kein Unterschied
1 Vp negativ: zu distanziert.

„Ich bin der Meinung, daß die Suggestopädie eine für Studenten angemessene Lehrmethode ist.“ Zustimmung 68%
„An Schulen und Universitäten sollte regelmäßig suggestopädischer Unterricht angeboten werden.“ Zustimmung 77%
Diese beiden Aussagen stammen von den Studenten und sind z.T. mit Einschränkungen versehen, beispielsweise „nur bei wichtigem Wissen“, „nur, wenn besonders intensiv gelernt werden soll“.
„Im Bereich der Weiterbildung sollte regelmäßig suggestopädischer Unterricht angeboten werden.“ Zustimmung 65%
Diese Aussage stammt von den Ingenieuren/Planern.

4. Beobachtungen und Mitteilungen

Anfangs war es für mich unvorstellbar, daß erwachsene Menschen bereit sind, im Verlauf von mehreren Stunden dreimal einen fast identischen Text anzuhören und dann am nächsten Tag in einer entspannten Atmosphäre spontan und kreativ Fragespiele durchzuführen und Fachbegriffe pantomimisch darzustellen. Die Akzeptanz der suggestopädischen Darbietung und Übung des Materials war – entgegen meiner ursprünglichen Erwartung – in allen Veranstaltungen außerordentlich hoch.

Eine ganze Reihe von Ingenieuren/Planern berichtete am Tag nach den ersten suggestopädischen Sitzungen, daß sie sich seit längerer Zeit nicht mehr so frisch und wohl gefühlt hätten wie am Vorabend (nach einem normalen Arbeitstag und anschließendem vierstündigen Seminar!).

Die Lerner äußerten sich in vielfältiger Weise zu der Wirkung der Musik im zweiten Konzert.

„Ich sah mich auf einer Straße mit zwei Leitplanken. Ich habe mich bewußt der Musik hingegeben und wollte der Melodie folgen. Ich fühlte mich durch die Musik auf den Inhalt konzentriert. Immer wenn ich abweichen wollte, bin ich, wie von einer Leitplanke abgehalten, wieder auf den Text zurückgekommen. Es war mir nicht möglich, dem Inhalt des Vortrags auszuweichen. Das hat mich eigentlich überrascht, weil ich dachte, daß die Musik meine Konzentration vermindert."

„Ich bin manchmal bei einem Punkt stehengeblieben und habe Bilder gehabt, konnte dann aber das Thema wieder einholen."

„Ich habe Bilder gehabt, wie ich das an meinem Arbeitsplatz anwenden kann, und bin dann dem Thema hinterhergelaufen."

In keinem Fall wurde bemängelt, daß der ästhetische Eindruck der Musik beeinträchtigt war. Ein Vergleich mit der verkaufsfördernden Hintergrundmusik in Supermärkten wurde als unangemessen zurückgewiesen.

Enttäuschend für mich war lediglich die Tatsache, daß insgesamt nur relativ wenige Teilnehmer das Problem der unkritischen Einstellung des Lernenden gegenüber einer so suggestiven Lehrmethode einsahen.

5. Zusammenfassung

Es werden folgende Tendenzen sichtbar:

– Vergleich mit den Ergebnissen von *Lozanov*

Obwohl die Lehr-Lern-Sequenz hier zeitlich länger war, ergibt sich bezüglich der ausgewählten 24 Items nur eine kurzzeitige Behaltensleistung von 74% (statt 92-99%).

Bei *Lozanov* erzielen fast alle Teilnehmer diese erstaunlichen Werte. In unseren Stichproben war eine relativ große Streubreite zu beobachten.

Es ergibt sich die Hypothese, daß der Leistungsabfall nach einer Zeitspanne von 1,5 Monaten deutlich größer ist als bei den bulgarischen Ergebnissen.

– Effizienz

Es besteht häufig das Ziel, Lernprozesse nicht nur auf dem Niveau von „Wissen und Verstehen" anzuregen, sondern den Lerner bis zu den Stufen von „Anwenden und Beurteilen" zu bringen. Auch in den Kompakt- Seminaren sollten die Teilnehmer nicht in erster Linie Fachbegriffe erlernen (z.B. Corpus callosum, Imagination), sondern komplexe Wissensstrukturen aufbauen und die dargebotenen Informationen bewerten und auf ihre Anwendungsmöglichkeiten überprüfen.

Bei gleicher zeitlicher Dauer ergibt sich auf de Lernprozessen bei Erwachsenen mit einer spezifischen Ausbildung (Lehrer) allerdings keine Überlegenheit des suggestopädischen Verfahrens im Vergleich mit einem sehr intensiven „herkömmlichen" Seminar.

Daten, die objektive Aussagen über das Lernniveau „Anwenden und Beurteilen" erlauben, liegen nicht vor. Aus den Diskussionsbeiträgen der Teilnehmer läßt sich ableiten, daß auch hier keine bedeutsamen Unterschiede zwischen den beiden Lehrverfahren vorliegen.

– Lernbeschleunigung

Von einer Beschleunigung des Lernvorganges durch die suggestopädische Methode kann keine Rede sein. Die Lernorganisation in unserem Seminar war sowohl hinsichtlich der zeitlichen Dauer, wie auch bezüglich der methodisch-didaktischen Präsentation wesentlich aufwendiger als in normalen Vorlesungen oder Seminaren. Dies hängt damit zusammen, daß hier eine völlig andere Art von Lernen initiiert wurde als bei *Lozanov*. Dieser Punkt wird im nächsten Abschnitt noch ausführlicher behandelt.

– Intensität des Lernens

Die Lerner betonen, daß sie im Vergleich zu anderen universitären Lehrveranstaltungen intensiver gelernt hätten. Dies meint wahrscheinlich sowohl Klarheit der Begriffe und Wissensstrukturen wie auch Herstellen von Anwendungsbezügen. Besonders in der Aktivierungsphase zeigt sich eine sehr engagierte und differenzierte Bearbeitung des Lehrmaterials.

– Entspanntes und müheloses Lernen

Besonders hervorgehoben wird von Teilnehmern die insgesamt angenehme Lernatmosphäre und der Eindruck, daß relativ mühelos (ohne Anstrengungen) gelernt wird. Häufig ist die Rede von einer befreienden und motivierenden Lernsituation.

– Wirkung der Musik
Eine zentrale Bedeutung kommt dem Einsatz von Musik zu. Neben dem ästhetischen Erlebnis wird von den Lernern (ansatzweise) auf innere Aktivitäten, wie beispielsweise imaginatie Vorgänge, hingewiesen.

– Akzeptanz des suggestopädischen Lehrverfahrens
Die Akzeptanz der Methode in der hier gewählten Form ist fast uneingeschränkt. Das Problem der unkritischen Lernhaltung des Lerners gegenüber Autorität und Prestige des Lehrers wird kaum gesehen.

2.5 Bewertung

2.5.1 Sozio-kultureller Hintergrund

Baur (1980) stellt die Frage, ob die Entwicklung der suggestopädischen Methode nicht als Alternative zu den stark lehrerzentrierten und autoritären pädagogischen Systemen in Bulgarien und der UdSSR gesehen werden muß. Die Ausbildung des suggestopädischen Rituals gerade in Bulgarien wird manchmal damit begründet, daß es dort seit der Renaissance eine ausgeprägte okkulte Tradition geben soll. Das Verfahren wird sowohl im Ostblock wie auch in den USA vorwiegend mit seiner quantitativen Effizienz begründet (schneller lernen – besser behalten). Theorien zum Spracherwerb bzw. zur Wissensvermittlung fehlen – mit wenigen Ausnahmen – fast vollständig. Man kann sich dem Eindruck nicht entziehen, daß der Unterricht in Analogie zu Maßnahmen zur Vergrößerung der menschlichen Produktivkraft in Industriebetreiben gesehen wird (*Stachanow*-Prinzip, Taylorismus)

2.5.2 Zweifel an den Ergebnissen

Die von *Lozanov* mitgeteilten Befunde sind kaum nachvollziehbar. Lexikalische Einheiten (LE) sind Wörter oder Wortgruppen als sprachliche Einheiten (z.B. „to speak" – sprechen; „to make a speech" – eine Rede halten). Vier Unterrichtsstunden pro Tag entsprechen unter Berücksichtigung einer Pause von 15 Minuten einer täglichen Unterrichtszeit von 165 Minuten. Bei 84 lexikalischen Einheiten pro Tag muß während dieser Zeitspanne alle zwei Minuten eine LE gelernt werden. Bei 200 LE pro Sitzung ergäbe sich ein Lerntempo von etwa 1 LE pro Minute. Die Rechnung mit 2000 LE in einem 24-Tage-Kurs (= 96 Unterrichtsstunden) ergibt während des gesamten Kurses eine durchschnittliche Lernleistung von etwa 21 LE pro Unterrichtsstunde.

Als kurzzeitige Behaltensleistungen (am nächsten Tag geprüft) ergeben sich Werte zwischen 92 und 98%. Bei Behaltensleistungen über längere Zeiträume (5-16 Monate) werden Werte zwischen 82 und 87% genannt.

Daß es sich um ein außerordentlich umfangreiches Lernmaterial handelt, wird anschaulich, wenn man folgende Tatsache bedenkt: Nach den niedersächsischen Rahmenrichtlinien für Englich soll der Umfang des *aktiv verfügbaren Wortschatzes* in der Hauptschule bis zum Ende des 9. Schuljahres 1500 Wörter, in der Realschule bis zum Ende des 10. Schuljahres 2000 Wörter und im Gymnasium bis zum Ende des Sekundarbereichs I 2500 Wörter betragen.

2.5.3 Lerntempo, Behaltensleistung, Motivation

Philipov (1981) hat unter einem quantitativen Aspekt eine „Erhöhung der Lernleistung" und eine „Erweiterung der Speicherkapazität des Langzeitgedächtnisses" und unter qualitativem Aspekt eine „ganzheitliche Entfaltung ... der Person des Lernenden" als wesentliche Effekte der suggestopädischen Methode hervorgehoben.

Die späteren Untersuchungen zeigen, daß ein relativ umfangreiches fremdsprachliches Lernmaterial in relativ kurzer Zeit erworben werden kann, allerdings nicht in dem Ausmaß wie bei *Lozanov. Schiffler* (1986, S. 29) spricht beispielsweise davon, daß das Unterrichtsmaterial den „3-4fachen Umfang im Vergleich zu dem Material ausweist, das sonst für dieselbe Zeit eingesetzt wird". Für die behauptete Langzeitwirkung (ohne zwischenzeitliche Übung) gibt es allerdings keine empirische Evidenz.

Es läßt sich erschließen, daß in der großen Mehrzahl der Untersuchungen die Lerner die suggestopädische Methode zum ersten Mal kennenlernten und daß sie freiwillig an den Kursen teilnahmen. In welchem Ausmaß das beobachtete höhere Lerntempo nicht nur der Methode, sondern auch dieser Tatsache zuzuschreiben ist, bleibt unklar. Ob dieser Neuheits-Effekt auch zum Teil für das vielfach beobachtete hohe Ausmaß an Lernmotivation verantwortlich ist, läßt sich zur Zeit ebenfalls nicht entscheiden. Weitere Belege zu anderen Aspekten der „ganzheitlichen Entfaltung der Person des Lernenden" liegen nur in Form von Einzelaussagen vor (z.B. Abbau von Lernhemmungen).

Möglicherweise erlauben neue Publikationen demnächst eine Aussage über die Suggestopädie insgesamt, wie sie *Philipov* (1981, S. 21) bezüglich der suggerierten Entspannung macht, daß sie nämlich sowohl „eine *gewisse* Steigerung der Lernleistung bewirkt als auch eine *wesentliche* Verbesserung des Wohlbefindens beim Lerner zur Folge hat".

2.5.4 Verschiedene Arten von Lernen

Einer der bei *Lozanov* am häufigsten verwendeten Begriffe ist *memorizing* (= Auswendig-Lernen, im Gedächtnis behalten). Lozanov ist augenscheinlich der Meinung, daß sich der Schüler die Vokabeln und Redewendungen vorrangig durch häufige Wiederholungen einprägt. Anders als bei *Ebbinghaus* spielen allerdings Kontextbedingungen (z.B. Alltagssituationen, Dialoge) und nonverbale Zeichen (besonders Intonation und Rhythmus) eine große Rolle. Diese Art des Lernens ist weitgehend ein *assoziatives Lernen*. Gelernt werden auf diese Weise Paarassoziationen (Hund – dog) und Assoziationsketten (Redewendungen). Assoziatives Lernen zeichnet sich dadurch aus, daß Sprach- (und Bedeutungs-)*Elemente* im Bewußtsein miteinander verknüpft werden. Die moderne Fremdsprachendidaktik (*Doyé/Heuermann/Zimmermann* 1988) weist demgegenüber wesentlich differenziertere Auffassungen vom Zweitsprachenerwerb auf.

Außerhalb des Sprachenlernens i.e.S., beim Wissenserwerb, spielt das assoziative Lernen eine untergeordnete Rolle. Hierbei besteht das Hauptziel darin, relativ komplexe Wissens*strukturen* aufzubauen. Verständlicherweise konnten deshalb bei unseren Braunschweiger Untersuchungen *im kognitiven Bereich* keine Vorteile des suggestopädischen Verfahrens nachgewiesen werden.

Es kann die Hypothese formuliert werden, daß die suggestopädische Lehrmethode möglicherweise dann besonders angezeigt ist, wenn in starkem Maße wortwörtlich gelernt werden soll.

2.5.5 Suggestopädische Lehr- und Lernprinzipien

Der Beitrag der Suggestopädie zu einer geänderten Auffassung von Lernen besteht nach meiner Meinung nicht so sehr in der Ausbildung einer speziellen Methode, sondern in der Betonung bestimmter Lehr-Lern-Prinzipien.

Diese Prinzipien, die früher fast jedem Lehrer geläufig waren, sind besonders

1. Betonung des Beziehungsaspektes
   Nicht-direktive Autorität und Prestige des Lehrers schaffen Vertrauen und Lernbereitschaft beim Schüler.
2. Bedeutung der parabewußten Beeinflussung
   Nonverbale Kommunikation spielt in Lehr-Lern-Prozessen eine bedeutsame Rolle. Dies gilt sowohl für den emotional-motivationalen wie auch für den kognitiven Bereich.
3. Positive Suggestion
   Erfolgsorientierte Vorstellungsbilder können für die Lernmotivation nicht überschätzt werden.
4. Angenehme Lernatmosphäre
   Entspannungsübungen, Musik, spielerische und künstlerische Elemente sind eine sinnvolle Ergänzung intellektueller Tätigkeiten.
5. Sprachliche und bildhafte Kodierung
   Verbesserung der Informationsverarbeitung durch Veränderung des Bewußtseinszustandes. Zu einem rational-analytischen Bewußtseinszustand tritt ein intuitiv-rezeptiver hinzu.

6. Mehrkanalige Wahrnehmung
   Durch Visualisierung der Lehrstoffe und ggf. aktiven Umgang mit den Dingen wird eine Mehrfachverankerung im Gedächtnis erreicht und die Abrufbedingungen verbessert.
7. Großer Anteil an Übungen
   Das spätere Wiedererkennen oder die Reproduktion des Lehrstoffs muß in vielfältiger und kommunikativer Weise geübt werden.

2.5.6 Die Kompetenz des Lehrers

Die Kompetenz eines Lehrers, d.h. die Gesamtheit der ihm zur Verfügung stehenden beruflichen Handlungspläne, sollte sich auf drei Bereiche beziehen
- fachliche Kompetenz
- didaktische-methodische Kompetenz
- kommunikative Kompetenz.

Die Notwendigkeit fachwissenschaftlicher Kenntnisse für Lehrer ist unbestritten. Didaktisch-methodische Kenntnisse und Fertigkeit haben in der universitären Ausbildung vom Gymnasiallehrer – im Gegensatz zu den anderen Lehrämtern – (leider) eine nur randständige Bedeutung. Für Lehrer aller Schularten (wieder) neu ist die Hervorhebung kommunikativer Kompetenzen. Unter diesem Gesichtspunkt ist die Psychologie der Lehrerpersönlichkeit neu zu schreiben. Lehrer sind nicht nur Anwender einer Methode oder gar nur Fachwissenschaftler. Personale Attraktion des Kommunikators – angeboren oder trainiert – ist wesentlich für emotional-motivationale und kognitive Aspekte des Lernens. Das Charisma eines guten Life-Lehrers und die Faszination durch seine Lehre können für zahlreiche Schüler nur in Teilbereichen durch Medien ersetzt werden.

Pädagogik ist weitgehend eine Bewußtseins-Pädagogik, und Didaktik zielt vorrangig auf rationale Steuerung des Lehr-Lern-Prozesses. Im Gegensatz hierzu wird in der Werbung ganz überwiegend eine parabewußte Beeinflussung des Konsumenten angestrebt. Solche Techniken für die Pädagogik zu nutzen und sie gleichzeitig rational zu *legitimieren* ist eine wichtige Aufgabe der Zukunft.

2.5.7 Bewertung des suggestopädischen Lehrverfahrens

Eine abschließende Bewertung kann eigentlich nur von zwei Seiten aus erfolgen.

Einerseits lassen sich die behaupteten außerordentlichen Ergebnisse, die mit dem Verfahren erzielt werden sollen, empirisch nur zum Teil belegen. Die hochgespannten Erwartungen, daß es sich um *die* neue Fremdsprachendidaktik oder gar um eine generell effektivere Lehrmethode handelt, werden enttäuscht.

Andererseits tauchen im suggestopädichen Verfahren eine Reihe zentraler Lernprinzipien auf, die in den Theorien des kognitiven Lernens nicht oder nicht ausreichend berücksichtigt werden. Die Theorie zeichnet sich insgesamt durch eine optimistische Sicht von Lehren und Lernen aus („Une vision constructive de l'apprentissage", *Bélanger* 1978). Die Grundstimmung ist gekennzeichnet durch Erfolgszuversicht bei Lehrer und Schüler.

Wenn eine neue Idee oder eine ausgearbeitete Methode vor ihrer Verbreitung ausreichend empirisch belegt sein müßte, hätte es in diesem Jahrhundert noch keine einzige pädagogische Innovation gegeben. Für bestimmte Anwendungsbereiche (*beispielsweise* Intensiv-Sprachkurse mit den Schwerpunkten Sprechtraining und Hörverstehen) ist die Suggestopädie vermutlich eine angemessene und zudem sehr motivierende Methode.

3. Kapitel: Menschliche Informationsverarbeitung

Die Suggestopädie versucht das Lernen zu optimieren. Propagiert wird ein ganzheitliches Lernen. Ganzheitlichkeit in suggestopädischer Sicht bedeutet auf der hirnbiologischen Seite zusätzliche oder verstärkte Aktivierung der rechten Hemisphäre der Großhirnrinde und auf der psychischen Seite zusätzlich oder verstärkt die Herstellung eines intuitiv-rezeptiven Bewußtseinszustandes. Realisiert wird dies durch konkrete Maßnahmen wie positive Suggestion, Entspannung, Lernkonzerte usw. Es wird unterstellt, daß damit neben einer Lernbeschleunigung eine Verbesserung der Gedächtnisleistung erreicht wird.

In diesem Kapitel sollen nun Modellvorstellungen aus dem Bereich der Pädagogischen Psychologie vorgestellt werden, wobei kognitionspsychologische Theorien im Mittelpunkt stehen. Am Ende wird dann die suggestopädische Theorie vor diesem Hintergrund abschließend beurteilt werden.

Das Kapitel gliedert sich in folgende Abschnitte:

1. *Lernen und Gedächtnis*
2. *Einige Gedächtnistheorien*
3. *Kognitionen und Emotionen*
4. *Motivation*
5. *Handlungstheorien*
6. *Problemlösen*
7. *Parabewußte Beeinflussung*
8. *Ganzheitliches Lernen*

3.1 Lernen und Gedächtnis

In diesem Abschnitt wird die menschliche Informationsverarbeitung im Überblick dargestellt. Im Mittelpunkt stehen die Begriffe Lernen und Gedächtnis. Im nächsten Abschnitt folgen dann die eigentlichen Gedächtnistheorien.

Behandelt werden folgende Punkte:
1. *Die Bildung von Erfahrungen*
2. *Aneignung, Speicherung, Abruf*
3. *Kodierung und Dekodierung*

3.1.1 Die Bildung von Erfahrungen

Der Begriff des Lernens:

„Das gemeinsame Merkmal aller Arten des Lernens ist aus psychologischer Sicht die *Erfahrungsbildung.*

Der Prozeß des Lernens führt zu dem Produkt des Neuerwerbs oder Veränderung psychischer *Dispositionen*, d.h. zur Bereitschaft und Fähigkeit, bestimmte seelische oder körperliche Leistungen zu erbringen. Manchmal spricht man in diesem Zusammenhang auch von Erwerb eines ‚Verhaltens*potentials*'. Lernen ist durch relativ überdauernde Veränderung im Organismus gekennzeichnet, während die Leistung (Performanz) von momentanen Bedingungen (z.B. Motivation, Ermüdung usw.) abhängt. Das eigentliche Lernen besteht also im Erwerb von Dispositionen, d.h. von Verhaltens- und Handlungs*möglichkeiten*. . .

Der psychologische Begriff des Lernens schließt nicht nur das durch Unterricht absichtlich und planvoll organisierte Lernen ein. Lernen ist auf keinen Entwicklungsabschnitt beschränkt. Sowohl der Säugling als auch der alte Mensch verändern laufend ihren Erfahrungsschatz. . . Lernen meint nicht nur den Erwerb einzelner, isolierter Dispositionen, sondern auch Aufbau einer individuellen Persönlichkeit durch Aneignung der menschlichen Kultur in einem individuellen Lebensweg." (Edelmann 1986 1986, S. 315f.)

Der Begriff des Gedächtnisses:

„Das menschliche Gedächtnis ist kein passiver Informationsspeicher, sondern aktives Organ der Informationssuche, der Bildung von Erwartungen, der Verarbeitung und Nutzung von Information für Verhaltensentscheidungen. Aufbewahrt werden keineswegs nur Erscheinungen der äußeren, perzeptiv wahrnehmbaren Realität, sondern ebenso Prozeßstrukturen für Handlungen, kognitive Operationen oder Strategien. Das Gedächtnis ist nicht nur Resultat, sondern gleichermaßen *Mittel der Erkenntnis*. . .

Die Selektion des Bedeutsamen, die Bevorzugung der korrekten Entscheidung – das alles geht auf Bewertungsfunktionen zurück, die in den motivationalen Grundlagen des Verhaltens ihre Basis haben. Der Affekt oder die *Emotion* bilden die Erlebnisseite motivationaler Dynamik, deren Einfluß auf die Informationsspeicherung bedeutsam ist...

Gedächtnisbildung und Gedächtnisfunktion sind nur aus dem *Zusammenwirken von Kognition und Motivation* zu verstehen“ (*Klix* 1988, S. 213).

3.1.2 Aneignung, Speicherung, Abruf

Wie man an den beiden Zitaten erkennt, überlappen sich die Begriffe Lernen und Gedächtnis. Bei der Informationsverarbeitung lassen sich drei Phasen unterscheiden:

1. Aneignung (Einprägen) – Lernen i.e.S.
2. Speicherung (Behalten) – Gedächtnis i.e.S.
3. Abruf (Erinnern) – Leistung

Diese drei Abschnitte lassen sich nur analytisch trennen, hängen eng miteinander zusammen und beeinflussen sich gegenseitig. In Abbildung 28 ist der Lern- und Gedächtnisprozeß schematisch dargestellt.

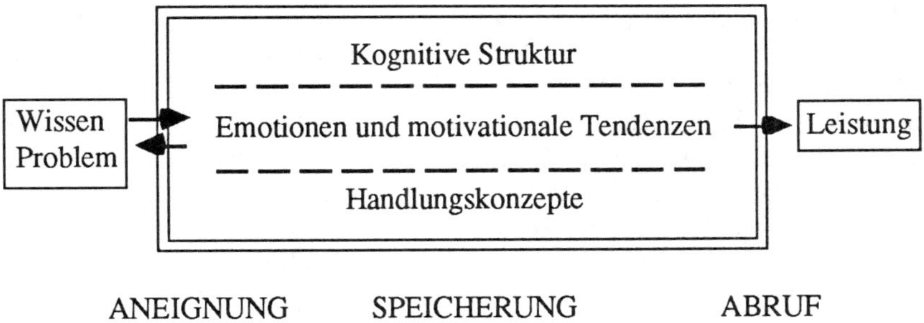

Abbildung 28: Ein vereinfachtes Modell der Informationsverarbeitung

Präsentation meint Begegnung mit bzw. Aufsuchen der Information, beispielsweise durch Lehre, Zeitschriften, Fernsehen oder im Alltag. Wesentlich hierbei ist, daß die Information unter Verwendung einer bereits vorhandenen Kognitiven Struktur (Wissens- und Problemlösestrukturen) von der Person aktiv verarbeitet wird. Hierbei spielen Emotionen und motivationale Tendenzen eine große Rolle. Auch wenn das Material nach dieser Verarbeitung im Langzeitgedächtnis gespeichert ist, unterliegt es weiteren Veränderungen. Im Gedächtnis erfolgt nicht nur eine mentale *Repräsentation* von Wissen, es ist zudem die Voraussetzung für die Verhaltensregulation. Entwickelt und gespeichert werden auch Handlungskonzepte. Solche Handlungspläne oder Handlungsentwürfe beeinflussen ihrerseits wieder die Informationsaufnahme. Ein erfolgreicher Abruf (Dekodierung) der Gedächtnisinhalte nach einer mehr oder minder langen Zeitspanne hängt eng mit der Art der Verarbeitung bei der

Aufnahme (Kodierung) zusammen. Da das Material sehr häufig nicht mehr in allen Einzelheiten erinnert werden kann, ist eine (aktive) Rekonstruktion notwendig. Lernen und Gedächtnis nach dem Modell eines Video-Recorders zu sehen, ist demnach völlig verfehlt.

3.1.3 Kodierung und Dekodierung

Man unterscheidet drei Gedächtnisspeicher: Das Sensorische Gedächtnis, das Kurzzeitgedächtnis und das Langzeitgedächtnis.

Das Sensorische Gedächtnis speichert die von den Sinnesorganen aufgenommene Information für die Dauer von Sekundenbruchteilen. Ein Beispiel hierfür sind die (negativen) Nachbilder in komplementärer Helligkeit oder Farbe: Wir schauen in eine Lichtquelle, schließen die Augen und haben ein dunkles Nachbild.

Im Kurzzeitgedächtnis verbleiben die Informationen ein paar Sekunden. Während das Sensorische Gedächtnis ein detailliertes „Abbild" enthält, ist das Material im Kurzzeitgedächtnis bereits bearbeitet. Beispielsweise werden beim Lesen nicht das Schriftbild, sondern die Wörter und ihre Bedeutung erinnert. Das Kurzzeitgedächtnis kann nur etwa *sieben Elemente* aufnehmen. Durch absichtliche Wiederholungen bzw. eine kognitive Bearbeitung können diese Inhalte vor dem Vergessen bewahrt werden.

Im Gegensatz hierzu ist die Kapazität des Langzeitgedächtnisses außerordentlich viel größer und die Behaltensleistung relativ dauerhaft. Vergessen kann aufgefaßt werden als Interferenz (Überlagerung und gegenseitige Störung verschiedener Inhalte) oder als Problem des Wiederauffindens.

Bei der Überführung der Inhalte des Kurzzeitgedächtnisses in das Langzeitgedächtnis spielt die Art der *Kodierung* eine ausschlaggebende Rolle.

Unter Kodierung versteht man alle Prozesse, die eine externe Information in eine interne übersetzen. Man bezeichnet einen Kode auch als Verschlüsselungsvorschrift für Informationen.

Kodierung kann zunächst *Wahrnehmungsorganisation* bedeuten. Häufig werden eine akustische und eine optische Verarbeitung einander gegenübergestellt. Da die große Mehrzahl der Gedächtnispsychologen das Lernen und Behalten von sprachlichem Material untersucht, ist besonders auf die Arbeiten von *Paivio* (1975) hinzuweisen. Die Befunde zeigen, daß bildhafte Vorstellungen viele sprachliche Lern- und Behaltensvorgänge fördern. Traditionell vernachlässigt werden in der Psychologie motorische Lernprozesse. Gerade die Beispiele „Schwimmen" oder „Radfahren" zeigen, daß motorische Kodierung die Grundlage für sehr dauerhafte Behaltensleistungen ist. In diesem Sinn sind das Bildgedächtnis und das motorische Gedächtnis unserem Gedächtnis für sprachliche Inhalte deutlich überlegen.

Unter Kodierung versteht man auch *kognitive Organisation.* Nach einmaliger Darbietung kann das Kurzzeitgedächtnis etwa 7 ± 2 Elemente (Zahlen, Buchstaben, Silben, zusammenhanglose Wörter) aufnehmen. Diese Zahl 7 ist allerdings unabhängig von der Komplexität.

Lesen Sie bitte die folgenden zwei Zeilen einmal durch und versuchen Sie, jede sofort nach dem Lesen zu wiederholen!

D – IEK – ATZ – EFI – NGD – IEM – AUS

Die Kapazität des Kurzzeitgedächtnisses beträgt sieben Einheiten

Die erste Zeile enthält nur scheinbar sieben Einheiten. Da die einzelnen Silben für den Leser nicht bedeutungshaltig sind, stellt sich die Reihe als aus der Anzahl der Buchstaben zusammengesetzt dar. Wir haben es damit in Wirklichkeit mit 19 Einheiten zu tun, die verständlicherweise nicht behalten werden können. Die Anzahl von fünf Einheiten, nämlich „DIE KATZE FING DIE MAUS" hätte dagegen keine Schwierigkeiten bereitet.

Die zweite Zeile enthält sieben Wörter und dürfte leicht zu erinnern sein.

Die Kapazitätsbegrenzung des Kurzzeitgedächtnisses bezieht sich also nur auf die Anzahl der Einheiten, nicht auf den Komplexitätsgrad der Information. Durch Zusammenfassung einzelner Elemente zu größeren Einheiten kann diese Kapazität wesentlich erweitert werden. Gedankenlose Wiederholungen bringen nur einen gewissen Lerngewinn, während eine Organisation im Sinne einer *aktiven Bearbeitung* für die Behaltensleistung von entscheidender Bedeutung ist. *Craik/Lockhart* (1972) haben den Begriff der *Verarbeitungstiefe* vorgeschlagen. Eine solche Organisation oder Bearbeitung des Lernmaterials kann beispielsweise durch Bildung von Assoziationen, von Kategorien und von bildhaften Vorstellungen erfolgen. Hier zeigt sich, daß bei Lernen und Gedächtnis zu dem Lernmaterial und den äußeren Lernbedingungen (fast) immer Wissen und Denkgewohnheiten des Lerners hinzutreten.

Der Gegenpol wäre ein mechanisches Lernen, bei dem Wiederholungen die wichtgste Bedingung für das Behalten sind. Ein Beispiel wäre hier das Einprägen einer Telefonnummer.

Organisation und Abruf stehen in enger Beziehung zueinander. Hierbei ist festzuhalten, daß Wiedererkennen wesentlich leichter ist als Reproduktion. Vergessen kann häufig aufgefaßt werden als Problem des Findens des Gedächtnisinhalts. Die Redensart „Es liegt mir auf der Zunge" drückt dies aus. Eine effiziente Organisation des Lernmaterials („Verarbeitungstiefe") fördert wesentlich den Abruf.

Außer der Organisation ist die Ähnlichkeit zwischen Lern- und Abrufsituation von größter Wichtigkeit. Beispielshaft für eine optimale Gestaltung der Lernsituation ist die *Simulation* der Abrufsituation, wie dies u.a. bei der Ausbildung von Piloten erfolgt.

Lern- und gedächtnispsychologisch naiv dagegen ist es, Studenten Vorlesungen und Seminare über Unterrichts- und Erziehungsfragen hören zu lassen und davon auszugehen, daß später in alltäglichen Streßsituationen dieses Wissen angewandt werden kann. Geleitete Praktika sind so gesehen nicht additive Bestandteile universitärer Ausbildung, sondern *auch* eine besondere Form der Präsentation theoretischer Modelle. Abgesehen von einigen weiteren Ausnahmen, wie beispielsweise Microteaching oder handlungstheoretisch orientierten Trainingsprogrammen (*Thiele* 1983), findet das Prinzip der Simulation in der Pädagogischen Psychologie erstaunlich wenig Anwendung.

Im suggestopädischen Lehr-Lern-Prozeß dagegen spielen innerhalb der Aktivierungsphase die „Übung der leichten Zugänglichkeit zum Gedächtnisinhalt", die „Herstellung optimaler Abruf-Bedingungen", die „Überführung passiven Wissens in eine aktive Form des Beherrschens" eine große Rolle.

3.2 Einige Gedächtnistheorien

In der Suggestopädie spielen Behauptungen über verbesserte Gedächtnisleistungen eine große Rolle. Aussagen über Struktur und Funktionsweise des Gedächtnisses fehlen aber fast völlig.

In diesem Abschnitt werden einige wichtige Gedächtnistheorien vorgestellt:
1. *Die Vergessenskurve von Ebbinghaus*
2. *Die Auffassung von Bartlett*
3. *Netzwerkmodelle*
4. *Mentale Modelle*
5. *Verschiedene Formen des Gedächtnisses.*

3.2.1 Die Vergessenskurve von Ebbinghaus

Am Beginn der experimentellen Gedächtnisforschung steht der Name *Ebbinghaus.* Seine Schrift „Das Gedächtnis" erschien 1885. Sein sprachliches Lernmaterial bestand aus sinnlosen Silben, wie etwa Tak, Pir, Gan. *Ebbinghaus* war der Meinung, mit diesem Material das Gedächtnis mit naturwissenschaftlichen Methoden untersuchen zu können. Die Silben sollten für den Lerner (das war in der Hauptsache er selbst) völlig neuartig sein, um den Vorgang des Vergessens frei von anderen Einflüssen untersuchen zu können. Berühmt geworden ist seine *Vergessenskurve* (Abb. 29).

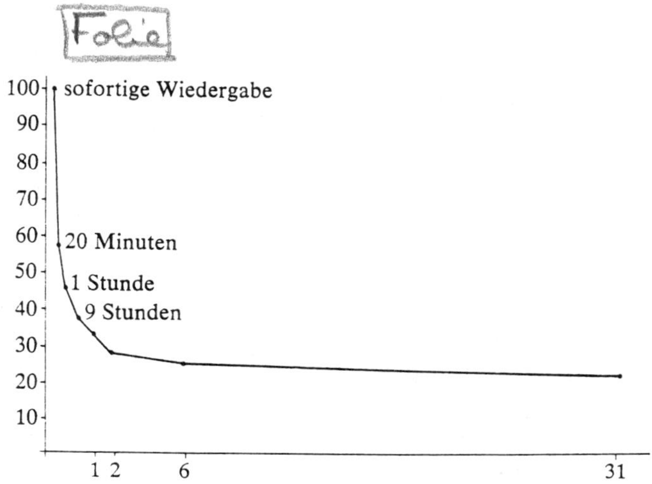

Abbildung 29: Vergessenskurve nach Ebbinghaus (1885). In der Waagerechten Zahl der Tage, in der Senkrechten Zahl der behaltenen Silben in Prozenten

Bereits nach einer Stunde beträgt der Lernaufwand (bis zum fehlerfreien Aufsagen der Silbenreihen) wieder etwa 55% des ursprünglichen Aufwandes (beim ersten Lernen). Nach etwa einem Monat beträgt dann der Lernaufwand beim nochmaligen Lernen etwa 80% des ursprünglichen Aufwandes und pendelt sich auch bei größeren Zeiträumen auf diesem Niveau ein. Das Vergessen vollzieht sich zunächst sehr rasch und geht dann viel langsamer vonstatten.

Diese ältere Gedächtnispsychologie ist durch folgende Auffassung gekennzeichnet: Das Lernmaterial wird durch *häufige Wiederholungen* mechanisch eingeprägt. Einzelne Elemente werden relativ rasch vergessen. Dem Vergessen ist durch neuerliche Wiederholungen entgegenzuwirken. Hierbei sind Wiederholungen bald nach dem ersten Lernen die wichtigsten. Erinnert werden nach einem bestimmten Zeitraum mehr oder minder viele *Elemente des Lehrstoffes.*

3.2.2 Die Auffassung von Bartlett

Bartlett (1932) untersuchte das Behalten von sinnvollem Material unter Alltagsbedingungen. Die Versuchspersonen lasen oder hörten eine Geschichte und sollten nach einer gewissen Zeitspanne den Inhalt wiedergeben.

Der erinnerte Text war durch folgende Merkmale ausgezeichnet: Er war stets kürzer als das Original; meist verständlicher; nur die Bedeutung, nicht der Wortlaut wurde wiedergegeben; manche Einzelheiten waren verschwunden, andere neu hinzugetreten; wurde ein Detail verändert, dann wurden andere, davon abhängige, ebenfalls verändert; unbegreifliche Merkmale waren in verständliche umgeändert; häufig wurden einzelne Gesichtspunkte ausgewählt und daran die ganze Geschichte aufgehängt; die Wiedergabe des Textes war der persönlichen Einstellung des Probanden angepaßt.

Diese damals neue Gedächtnispsychologie ist durch folgende Auffassung gekennzeichnet: Bei der Verarbeitung des Lernmaterials bemüht sich der Lerner, den „Sinn" der Geschichte zu erfassen. Gespeichert werden der *Kern* des Textes, *auffällige Details* und die *Emotionen,* die der Lerner gegenüber dieser Sache hat. Die Erinnerung ist eine *Rekonstruktion* der behaltenen Teile zu einem sinnvollen Ganzen. Die Rekonstruktion erfolgt insgesondere auf der Grundlage der emotionalen Aspekte der Einstellung der Versuchsperson zum Gedächtnisinhalt. Dieser letzte Punkt spielt eine große Rolle bei der Prüfung der Glaubwürdigkeit von Zeugenaussagen. Hier kann die meist unbemerkt von Emotionen geleitete Rekonstruktion wesentlich von der eigentlichen Information abweichen.

Die sehr interessanten Auffassungen von *Bartlett* scheinen in der deutschsprachigen Literatur weitgehend vergessen zu sein.

3.2.3 Netzwerkmodelle

Mit *Tulving* (1972) unterscheidet man zwischen einem semantischen Gedächtnis (Wissensgedächtnis) und einem episodischen Gedächtnis. Im Wissensgedächtnis sind unser Wortschatz, die Grammatikregeln und vielfältigen Regeln aus unterschiedlichen Realitätsbereichen gespeichert. Das episodische Gedächtnis ist ein autobiographisches Gedächtnis. Es enthält die Episoden unseres Lebens. Häufig wirken beide Gedächtnisarten zusammen.

Seit *Collins/Quillian* (1969) werden zur Beschreibung des *semantischen Gedächtnisses* Netzwerkmodelle vorgestellt. Man spricht auch von *semantischen Netzen,* weil die Wissenselemente im Gedächtnis netzartig miteinander verbunden sind. Zur Veranschaulichung sollen die Begriffe „Schema" und „Skript" kurz vorgestellt werden.

„Ein *Schema* ist ein – meist hierarchisch – organisiertes Wissen, ein Teil eines semantischen Netzwerks" (*Herkner* 1986, S. 131). Die einfachste Form eines Schemas ist die Begriffshierarchie (Abb. 30).

In einer Begriffshierarchie sind die Unter- und Oberbegriffe miteinander verbunden. Bei den einzelnen Begriffen sind nur die jeweils charakteristischen Merkmale gespeichert, während dem Oberbegriff die Merkmale zugeordnet sind, die für alle Begriffe gelten.

Etwas komplexer sind schon Ereignis- Netzwerke. Eine Episode besteht aus verschiedenen Ereignissen, die durch Relationen zusammengefaßt werden (Abb. 31).

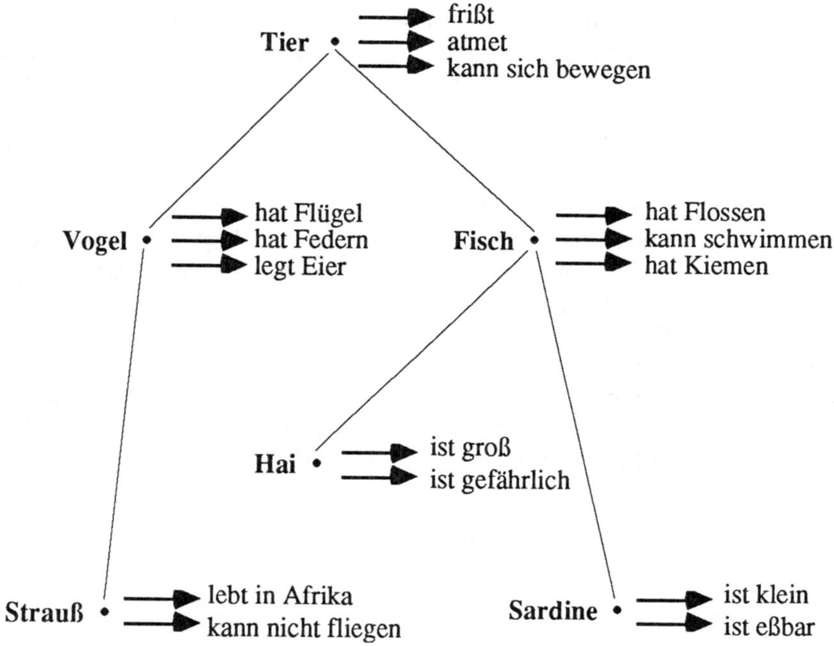

Abbildung 30: Begriffshierarchie

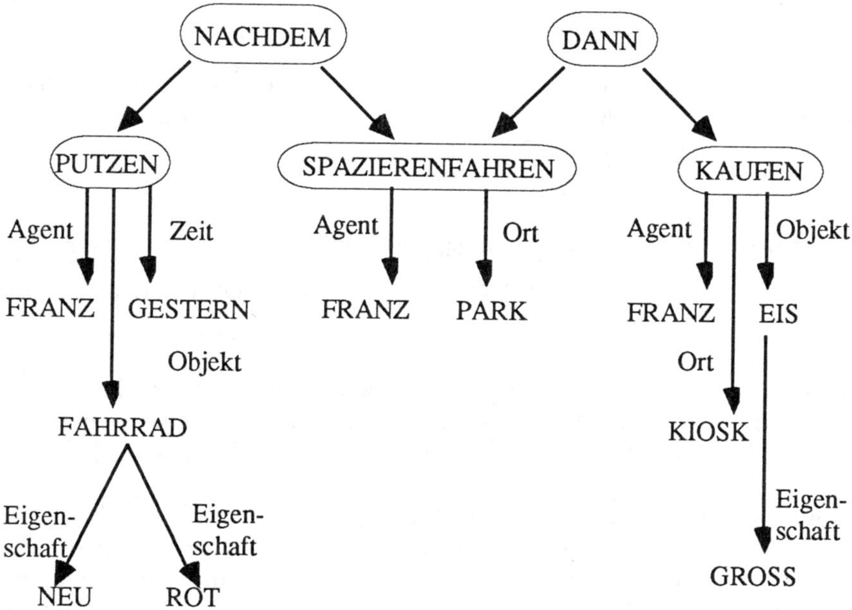

Abbildung 31: Ereignisnetzwerk

Die *Episode* „Nachdem Franz gestern sein neues rotes Fahrrad geputzt hatte, fuhr er im Park spazieren. Dann kaufte er sich am Kiosk ein großes Eis" gliedert sich in die *Ereignisse* „Franz *putzte* gestern sein neues rotes Fahrrad", „Franz *fuhr* im Park *spazieren*", „Franz *kaufte* sich am Kiosk ein großes Eis".

Die Teilhandlungen werden durch die Relationen „nachdem" und „dann" in eine zeitliche Reihenfolge gebracht. Daran erkennt man, daß *einzelne* Ereignisnetzwerke nicht hierarchisch sind. Längere Geschichten können allerdings aus hierarchisch angeordneten Episoden bestehen. Der Begriff Episode im Zusammenhang mit Ereignisnetzwerken beschreibt nur die Folge einer Reihe von Teilhandlungen und hat zunächst nichts mit dem sog. episodischem Gedächtnis zu tun.

Ein *Skript* (Drehbuch) ist ein Schema zur Beschreibung eines öfter wiederkehrenden Ereignisses, in dem *Handlungswissen* zusammengefaßt ist. Die Speicherung einer zusammenhängenden Folge von Ereignissen ermöglicht es uns, nach diesen Informationen zu handeln (Abb. 32).

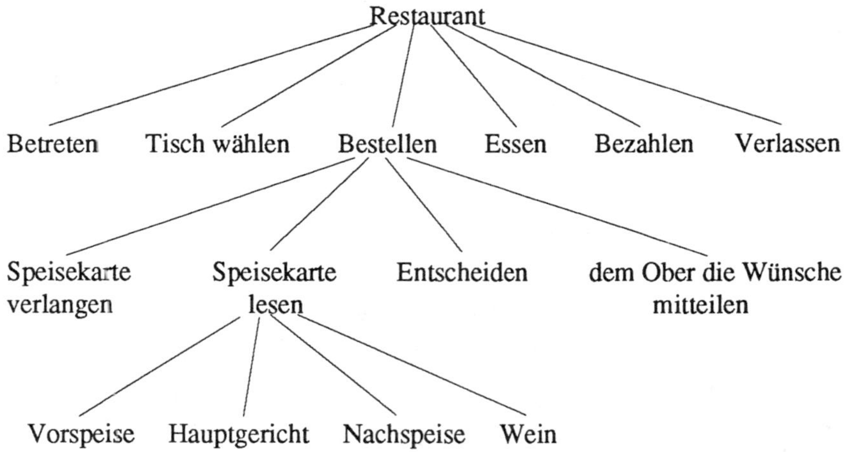

Abbildung 32: Skript „Besuch eines Restaurants" (in Anlehnung an Schank/Abelson 1977)

In dem Beispiel erkennt man deutlich die hierarchisch-sequentielle Organisation. Beispielsweise gliedert sich „Bestellen" in eine Reihe hierarchisch niedrigere Einzelhandlungen, die aber nacheinander vollzogen werden.

Netzwerktheorien zeigen folgende Auffassung von Gedächtnis: Die Bedeutung (der Inhalt) eines Wortes ist bestimmt durch den Platz in der hierarchisch organisierten Netzwerkstruktur. „Semantische Netze sind eine sprachlich-abstrakte Form der Repräsentation" (*Wender* 1988, S. 55). Diese Form der inneren Repräsentation unterscheidet sich von der Art, wie die Information extern vorliegt. Deutlich davon zu unterscheiden ist eine analoge Form der inneren Repräsentation, bei der Eigenschaften des abzubildenden Objektes oder Ereignisses beibehalten werden. Davon wird noch die Rede sein.

„Semantische Netze haben die Form eines gerichteten, bezeichneten Graphen..." „Semantische Netze gehören zur Klasse der propositionalen Repräsentation..." „Eine Proposition gibt an, daß gewisse Dinge in einer bestimmten Relation zueinander stehen." „Mit dem Begriff der Proposition meint man dabei nicht den Satz in seiner wörtlichen Formulierung, sondern die darin enthaltene Aussage, die sich meist auch in andere Worte fassen läßt" (*Wender* 1988, S. 60, 63).

Ein Kritikpunkt an diesen in starkem Maße linguistisch orientierten Theorien ist die Frage, ob neben den Bedeutungsstrukturen nicht doch auch Sprachstrukturen eine bedeutsame Rolle zugeschrieben wird. Das wichtigste Problem dürfte jedoch ein anderes sein. In Netzwerkmodellen werden Begriffe immer nur durch andere Begriffe definiert (intensionale Bedeutung), während Begriffe auch in Beziehung stehen zu den durch die Begriffe gemeinten Objekten und Ereignissen (extensionale Bedeutung). „Die Theorien haben sozusagen keinen Zugang zur Außenwelt" (*Wender* 1988, S. 72). Ob die Übersetzung einer natürlichen Sprache in eine symbolische Darstellung (semantische Netze) dem Verstehensprozeß eines Lerners entspricht, ist die große Frage. Verständlicherweise hat die umfangreiche Literatur aus dem Bereich der Netzwerkmodelle praktisch keine Resonanz in der Didaktik und Methodik gefunden.

3.2.4 Mentale Modelle

Die Untersuchung von *Texten* führt bei den Netzwerktheorien zu einer stark linguistischen bzw. formal-logischen Beschreibung der Repräsentation von Wissen und Gedächtnis.

Untersuchungen zum Lernen mit *Bildern* verweisen auf die Tatsache, daß es nicht nur eine linguistisch-logische, sondern auch eine imaginativ-analoge Repräsentation von Wissen gibt. Besonders *Paivio* (1979) nimmt zwei verschiedene, aber miteinander interagierende Repräsentationsformen an: ein verbales und ein imaginatives System.

> Bilder und verbale Prozesse werden als alternative Kodierungssysteme betrachtet. Beide Formen innerer Repräsentation entstehen entweder aus Erfahrungen mit konkreten Objekten und Ereignissen oder sind an sprachliche Mitteilungen gebunden (S. 8).
>
> Die Begriffe Bild (image) und bildhafte Vorstellung (imagery) werden zur Kennzeichnung *nichtsprachlicher* Repräsentation von Gedächtnisinhalten und nichtsprachlichem Denken (z.B. Imagination) gebraucht. Eine solche Repräsentation wird vom Individuum aktiv hervorgerufen und beeinflußt (S. 12).
>
> Je konkreter oder „dinghafter" der Reiz ist, desto wahrscheinlicher ist es, daß es zu einer bildhaften Repräsentation kommt. Bei relativ konkreten Situationen können beide

Repräsentationsformen auftreten und bei relativ abstrakten Aufgaben sind verbale Prozesse wahrscheinlicher (S. 8).

Das visuelle System ist – stark vereinfacht gesagt – spezialisiert auf die simultane Verarbeitung und Speicherung von räumlich angeordneten Dingen, während das verbale System für sequentielle Ereignisse zuständig ist (S. 9).

Bildhafte Vorstellungen können zur Lösung abstrakter Probleme genauso beitragen wie zur Lösung konkreter Probleme (S. 37). Im Falle konkreten Materials ist die Bedeutung nicht an spezifische Wörter gebunden, sondern an die bildhaften Vorstellungen, die die Welt der Dinge und Ereignisse repräsentieren. Wenn das Material jedoch abstrakt ist, ist die Bedeutung über Sprache vermittelt. Erinnern der Bedeutung meint dann Erinnern des Wortes (S. 39f.)

(frei nach *Paivio* 1979).

Im Zuge dieser *dualen Kodierung* kommt es zu einer bildhaften (konkreten und simultanen) und zu einer sprachlichen (abstrakten und sequentiellen) Repräsentation.

Die bildhafte Kodierung wird auch als *analoge Repräsentation* bezeichnet. Dies bedeutet, daß gewisse Eigenschaften eines abzubildenden Objektes oder Ereignisses beibehalten werden. Häufig sind Vorstellungsbilder allerdings bereits interpretierte Informationen und vergleichbar der künstlerischen Interpretation und Gestaltung eines Gemäldes.

Die sprachliche Kodierung wird auch als *aussageartige (propositionale)* Repräsentation bezeichnet. Wie eng diese an ganz spezifische Sprachstrukturen gebunden ist, bleibt eine bislang unbeantwortete Frage.

Von dieser *inneren* kognitiven *Repräsentation* muß deutlich unterschieden werden die *äußere Präsentation.* Von *Salomon* (1979) stammt der Begriff der *Supplantation.*

„Salomon sieht die Rolle der Medien darin, extern mentale Prozesse zu simulieren, die der Hörer, Leser oder Seher dann in aktiver Rezeption in sein kognitives Repertoire übernehmen kann. Supplantation bedeutet, daß ein Prozeß extern im Medium präsentiert wird, der sonst intern im Kopf des Lerners zur Erreichung eines Lernziels ablaufen muß. . .“ (zit. aus DIFF-Journal 1986, Nr. 3/4, S. 9).

Eine Reihe von Untersuchungen hat gezeigt, daß die Bildinformation nur dann einen fördernden Einfluß auf die Verarbeitung sprachlichen Materials hat, wenn eine Komplementarität von Satz und Bild besteht.

Diese Auffassung von Gedächtnis läßt sich durch den Begriff „*mentales Modell*“ kennzeichnen. „Ein mentales Modell stellt eine ganzheitliche Repräsentation der strukturellen und prozessualen Merkmale eines Realitätsbereichs dar, in dem handlungsbezogenes, visuelles und sprachliches Wissen integriert sind“ (*Ballstaedt* 1986, S. 5).

Mentale Modelle dienen in erster Linie der Repräsentation von *Wissen* i.e.S.

in sprachlicher oder bildhafter Form. Beim analytischen *Denken* spielen sprachliche und eher abstrakte Gedächtnisinhalte eine große Rolle und bei manchen Formen des synthetischen Denkens, z.B. beim kreativen Problemlösen, stehen bildhaft-anschauliche Inhalte im Vordergrund. Man kann also nicht nur in Worten denken!

Mentale Modelle sind außerdem auch die Grundlage der *Verhaltensregulation.* Das gespeicherte Wissen kann unter besonderen Bedingungen zur Entwicklung von Handlungskonzepten und damit zur Bewältigung von Aufgaben oder zur Lösung von Problemen eingesetzt werden.

3.2.5 Verschiedene Formen des Gedächtnisses

Die vorgestellten Gedächtnistheorien zeigen, daß das Gedächtnis kein einheitliches Phänomen ist, sondern ein System. Man unterscheidet u.a. ein „passives" Wiedererkennungsgedächtnis von einem „aktiven" Reproduktionsgedächtnis. Einem prozeduralen Gedächtnis (motorisches Gedächtnis für Bewegungsabläufe) steht ein deklaratives (sprachliches Gedächtnis) gegenüber. Bei letzterem wird ein semantisches Gedächtnis (Wissensgedächtnis) und ein episodisches Gedächtnis (Erlebnisse der eigenen Lebensgeschichte) voneinander abgehoben. Von einem Sprach-Gedächtnis wird ein Bild-Gedächtnis unterschieden. Manchmal spricht man auch von einem logischen Gedächtnis (Sinn-Gedächtnis) und von einem assoziativen (mechanischen) Gedächtnis. Dies sind wiederum vorwiegend analytische Abgrenzungen. Nicht bei jedem dieser „Gedächtnisse" läßt sich eine eigene neuronale Grundlage nachweisen.

In der suggestopädischen Literatur, in der so viel von der Verbesserung der Gedächtnisleistung die Rede ist, finden sich fast keine Hinweise über theoretische Modell-Vorstellungen. *Lozanov* scheint relativ weitgehend ein assoziatives (mechanisches) Lernen mit zahlreichen Wiederholungen initiiert zu haben. Im Gegensatz zu *Ebbinghaus* handelt es sich allerdings durch die Darbietung peripherer Reize um eine inputreiche Gestaltung der Lernsituation. Im Zustand der Pseudopassivität werden von den meisten Autoren „innere Aktivitäten" unterstellt. Bei diesen intuitiven Prozessen spielen bildhafte Vorstellungen eine große Rolle. Gefördert wird auf diese Weise vermutlich neben einer sprachlichen (assoziativen) Kodierung zusätzlich eine bildhafte.

3.3 Kognitionen und Emotionen

Nach der Vorstellung eines Modells menschlicher Informationsverarbeitung und der Behandlung grundlegender Gedächtnistheorien sollen jetzt einige Aspekte von Kognition und Emotion besprochen werden.

Der Abschnitt gliedert sich in folgende Punkte:
1. *Kognitive Prozesse*
2. *Zwei unterschiedliche Auffassungen von Wissenserwerb*
3. *Emotionen*
4. *Die Kognitive Struktur*
5. *Die Bedeutung von Gefühlen in der Suggestopädie*

3.3.1 Kognitive Prozesse

Unter Kognitionen versteht man jene Vorgänge, durch die ein Organismus Kenntnis von seiner Umwelt erlangt. Im menschlichen Bereich sind dies besonders: Wahrnehmung, Vorstellung, Denken, Urteilen, Sprache. Durch Kognition wird Wissen erworben. Kognitive Prozesse lassen sich von emotionalen (gefühlsmäßigen) und motivationalen (aktivierenden) akzentuierend unterscheiden.

3.3.2 Zwei unterschiedliche Auffassungen von Wissenserwerb

Wenn man von dem „Nürnberger Trichter" spricht („jemandem etwas eintrichtern"), dann ist die scherzhafte Rede von einem Lernapparat. Zurück geht dieses Modell des Wissenserwerbs auf die Zeit kurz nach dem dreißigjährigen Krieg. Aus dem Kreis der literarischen Gesellschaft der „Pegnitzschäfer" erschien 1647 ein Buch mit dem Titel: „Poetischer Trichter. Die Teutsche Dicht- und Reimkunst ohne Behuf der Lateinischen Sprache in VI Stunden einzugießen". Obwohl sich dieser Kreis große Verdienste um die Einführung der deutschen Sprache in die Literatur erworben hat, erhielt sich der Spott über die schulmeisterliche Art der Propagierung. Heute versteht man unter „eintrichtern" die Präsentation von Wissen ohne Berücksichtigung der kognitiven Voraussetzungen des Lerners.

Als Gegenmodell soll die Auffassung von *Ausubel* (1974) vorgestellt werden.

„Wenn wir die ganze Psychologie des Unterrichts auf ein einziges Prinzip reduzieren müßten, würden wir dies sagen: ‚Der wichtigste Faktor, der das Lernen beeinflußt, ist das, was der Lernende bereits weiß. Dies ermitteln Sie und danach unterrichten Sie Ihren Schüler' " (*Ausubel, Novak, Hanesian* 1980, S. 5).

Ausubel spricht vom sinnvollen verbalen Lernen.

Der Begriff „sinnvoll" weist die folgenden beiden Merkmale auf:
- es muß *inhaltlich,* d.h. nicht wortwörtlich gelernt werden und
- der neue Lehrstoff muß *zufallsfrei* auf bisheriges Wissen bezogen werden.

Die Herstellung dieser zufallsfreien Beziehungen wird möglich, wenn in der Wissensstruktur des Lerners relevante Ideen vorhanden sind, die den Grund für die Verankerung des neuen Lehrstoffs bilden (Abb. 33).

Abbildung 33: Zwei Bilder des Wissenserwerbs

Ausubel unterscheidet *drei Grundformen zufallsfreier Beziehungen:*
- Die untergeordnete Beziehung (Subsumtion)

Der neue Lehrstoff kann einer allgemeinen Idee (Oberbegriff) untergeordnet werden. Von derivativer Subsumtion spricht er, wenn das neue Material ein spezifisches Beispiel der allgemeinen Idee darstellt, und bei der korrelativen Subsumtion handelt es sich um eine Modifikation und weitere Ausarbeitung des bereits vorhandenen Wissens.
- Die übergeordnete Beziehung

Der neue Lehrstoff stellt selbst die allgemeinere Idee (Oberbegriff) dar. Wegen des höheren Allgemeinheitsgrades werden die Elemente des bisherigen Wissens dadurch zusammengefaßt.
- Die kombinatorische Beziehung

Neues Material wird gelernt, indem es auf mehrere früher gelernte Ideen bezogen wird, ohne daß eine Unter- oder Überordnung hergestellt wird.

Ausubel ist der Meinung, daß ältere Kinder und besonders Erwachsene vorwiegend korrelativ-subsumtiv lernen. Die Folge ist dann eine *progressive Differenzierung des Wissens.* Jüngere Kinder dagegen müssen vielfältige Erfahrungen auf induktivem Wege (vom Einzelnen zum Allgemeinen) erwerben und zunächst Begriffs- und Regelhierarchien (überordnend) aufbauen, ehe sie in ihrer kognitiven Entwicklung so weit fortgeschritten sind, daß sie *verbal übermittelte Begriffe und Regeln ohne konkrete Erfahrung* verstehen können.

Das mechanische Lernen stellt den Gegenpol zum sinnvollen Lernen dar. Es ist durch die folgenden beiden Merkmale gekennzeichnet: Es wird wortwörtlich gelernt und es werden keine Beziehungen zum bisherigen Wissen hergestellt.

Sinnvolles Lernen ist demnach ein höchst aktiver Vorgang, bei dem *Beziehungen* zwischen dem neuen Lehrstoff und Elementen der Kognitiven Struktur des Lerners hergestellt werden müssen. Hierbei ist ein Kontinuum zwischen sinnvollem und mechanischem Lernen zu unterstellen, d.h. ein Lernen kann in unterschiedlich ausgeprägter Form sinnvoll bzw. mechanisch sein.

3.3.3 Emotionen

In dem Buch ,,Psychologie des Unterrichts" von *Ausubel* (1974) gibt es kein Sachstichwort ,,Emotionen" oder ,,Gefühle". Bei dem Versuch, diese rein kognitive Theorie des Wissenserwerbs zu erweitern, stößt man allerdings auf das Problem, daß es in der Psychologie keine einheitliche Begriffsbestimmung für das Phänomen ,,Emotionen" gibt. Emotionen sollen im folgenden nicht als eigenständiges Orientierungssystem betrachtet werden, sondern hinsichtlich ihres Zusammenhangs mit der Informationsverarbeitung.

Mandl/Huber (1983, S. 1) betonen, ,,daß menschliche Informationsverarbeitung kognitive Daten im engeren Sinn, d.h. Wissen um Objekte, Zustände, Ereignisse *und* emotionale Daten einschließt". Bei diesem Prozeß handelt es sich *immer* um ein Zusammenwirken kognitiver und emotionaler Prozesse. Emotionale und motivationale Faktoren sind selbst bei den abstraktesten Formen intellektueller Leistung beteiligt.

> ,,Damit ein Student ein algebraisches Problem löst oder ein Mathematiker ein Theorem entdeckt, muß ein intrinsisches Interesse, ein extrinsisches Interesse oder zu Beginn ein Bedürfnis vorhanden sein. Während der Arbeit spielen Zustände der Zufriedenheit, der Enttäuschung, des Eifers, genauso wie Gefühle der Müdigkeit, der Anstrengung, der Langeweile etc. eine Rolle. . ." (*Mandl/Huber* 1983, S. 16).

Hier wird der *aktivierende bzw. hemmende Einfluß* von Emotionen auf kognitive Prozesse sichtbar.

Schmalt (1986, S. 76f.) spricht davon, daß Emotionen die Information um den Aspekt ihrer *subjektiven Bedeutung* anreichern und daß sie in enger Beziehung zu Motiven stehen.

Bower (1981) untersuchte den *selegierenden Einfluß* von Emotionen: ,,Die Gefühle einer Person wirken bei der Informationsverarbeitung als selektiver Filter. Der Filter ist durchlässig für Material, das mit der Stimmungen des Wahrnehmenden übereinstimmt, nicht aber für inkongruentes Material" (zit. nach *Mandl/Huber* 1983, S. 20).

Vielfältige empirische Befunde liegen zu den Auswirkungen bestimmter

Emotionen vor, z.B. Einflüsse von Angst, Aggression, Selbstwertgefühl auf Lernen, Gedächtnis und Problemlösen.

Zusammenfassend läßt sich sagen: So wie es keinen emotionalen Zustand frei von kognitiven Elementen gibt, so gibt es auch keine Informationsverarbeitung ohne emotionale Aspekte.

3.3.4 Die Kognitive Struktur

Durch aktive kognitive Strukturierungsprozesse wird beim Lerner eine *Kognitive Struktur* (Abb. 34) aufgebaut. Nach dem bisher gesagten würde man allerdings zutreffender von einer kognitiv-emotionalen Struktur sprechen.

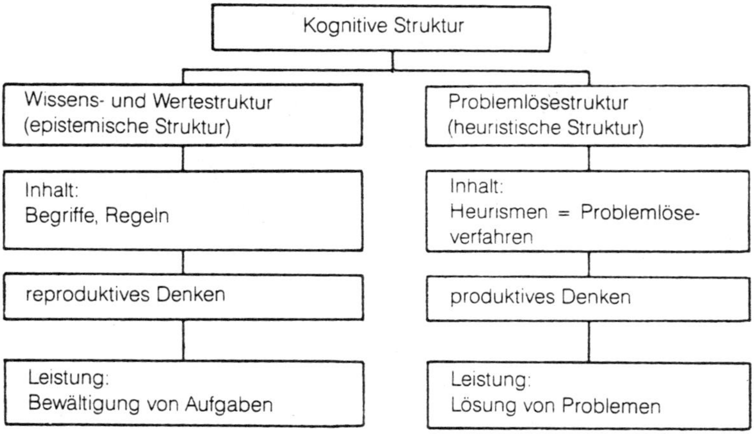

Abbildung 34: Modell der kognitiven Struktur

Bei *Ausubel* geschieht die kognitive Strukturierung insbesondere durch die Herstellung zufallsfreier Beziehungen. Er spricht auch von *sinnvoll-rezeptivem Lernen.* Rezeptiv meint hier, daß der Lehrstoff in fertiger Form präsentiert wird. Wenn ein Lernen sowohl sinnvoll als auch rezeptiv ist, wird die Wissens- und Wertestruktur ausgebildet. Ihr Inhalt sind Begriffe und Regeln. Begriffe sind sozusagen die Bausteine des Wissens. Regeln sind Begriffsketten. Voraussetzung für das Erlernen von Regeln ist die Kenntnis jedes einzelnen Begriffs sowie das Erfassen der Beziehungen zwischen den einzelnen Begriffen (z.B. „Im Osten geht die Sonne auf"). Struktur bedeutet die hierarchische Anordnung (oder mindestens die Vernetztheit) der einzelnen Begriffe bzw. Regeln (Abb. 35).

Von der Wissens- *und Wertestruktur* sprechen wir, weil Begriffe und Regeln neben dem kognitiven Inhalt im allgemeinen auch einen emotionalen Aspekt aufweisen. Dies soll am Beispiel der Begriffsbildung veranschaulicht werden. Begriffe weisen zwei Komponenten auf:

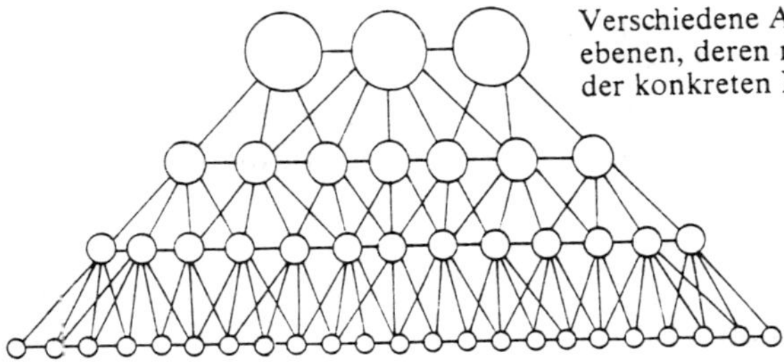

Abbildung 35: Hierarchische Ordnung der Wissens- und Wertestruktur

- die sachliche (denotative) Bedeutung
  logische Struktur der Eigenschaftsbegriffe bzw. Theorie der Erklärungsbegriffe
- die emotionale (konnotative) Bedeutung
  gefühlsmäßige Beziehung einer Person zu dieser Sache.

Auch wenn sich zwei Personen über die denotative Bedeutung eines Begriffs einig sind, können sie wegen der unterschiedlichen konnotativen Komponenten über deutlich voneinander abweichende Begriffe verfügen (z.B. unterschiedlicher Bedeutungsinhalt der Begriffe Kommunist, Gastarbeiter, Asylant). Von der Problemlösestruktur wird später noch die Rede sein.

3.3.5 Die Bedeutung von Gefühlen in der Suggestopädie

Lozanov spricht zwar vom Zusammenwirken von kognitiven und emotionalen Prozessen, es finden sich in der gesamten suggestopädischen Literatur aber praktisch keine Ausführungen über kognitives Lernen. Sprachliches Lernmaterial wird „kognitiv bearbeitet“, wobei „Verstehen“ betont wird und es finden „globale Sinnvermittlung“ und „aktive Bearbeitung“ des Materials statt. Dies hängt vermutlich mit dem vorrangig initiierten assoziativen Lernen zusammen.

Eine herausragende Stellung nehmen dagegen Emotionen im suggestopädischen Ansatz ein. Die durch Entspannungsübungen hervorgerufene „positive Kraft mentaler Bilder“, Musik als „Quelle ästhetischen Vergnügens“ und die „Erzeugung einer positiven Lerneinstellung“ schaffen eine insgesamt angenehme und entspannte Atmosphäre. Angesichts der Tatsache, daß nur ein Teil der behaupteten Ergebnisse empirisch bestätigt werden konnten, sollte man statt von *Superlearning* vielleicht besser von *Superfeeling* sprechen. Dies ist ein sehr hoch einzuschätzendes Merkmal suggestopädischen Unterrichts. Gerade in Fremdsprachenkursen für Erwachsene können dadurch Lernhemmungen abgebaut und u.U. die Abbruchquote verringert werden.

An dieser Stelle ist außerdem eine Spekulation erlaubt. Möglicherweise ist ein solches, in starkem Maße von Emotionen begleitetes Lernen auch deswegen besonders effizient, weil die Inhalte nicht nur im semantischen, sondern auch im episodischen Gedächtnis gespeichert werden.

3.4 Motivation

Es gibt sehr unterschiedliche Auffassungen von Motivation: Triebtheorien, Anreiztheorien, Entscheidungstheorien und Handlungstheorien.

Es sollen folgende Ansätze kurz vorgestellt werden:
1. Der emotionale Aufforderungscharakter
2. Die Neugiermotivation
3. Die Leistungsmotivation
4. Die suggerierte Erfolgszuversicht

3.4.1 Der emotionale Aufforderungscharakter

Motive sind Persönlichkeitsdispositionen, die beträchtliche individuelle Unterschiede aufweisen können.

„Motive stehen hier als Sammelname für so unterschiedliche Bezeichnungen wie Bedürfnis, Beweggrund, Trieb, Neigung, Streben etc. Bei allen Bedeutungsunterschieden im einzelnen verweisen alle diese Bezeichnungen auf eine ‚dynamische' Richtungskomponente. Es wird eine Gerichtetheit auf gewisse, wenn auch recht unterschiedliche, aber stets wertgeladene Zielzustände angedeutet; und zwar Zielzustände, die noch nicht erreicht sind, deren Erreichung aber angestrebt wird. . ." *Heckhausen* 1980, S. 24).

Diese Motive gehen über in den Zustand der *aktuellen Motivation,* wenn Situationsfaktoren sie dazu anregen (Abb. 36).

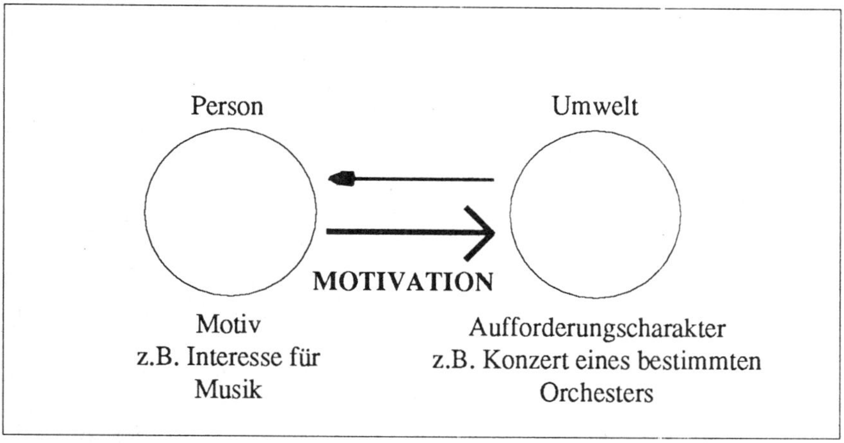

Abbildung 36: Motivationsvorgang

Man könnte auch sagen, daß sich bei der Motivation zwei Pole unterscheiden lassen:

- der interne Pol, den wir als Personfaktor bezeichnen (Motiv = Trieb, Bedürfnis, Strebung, Neigung, Wunsch, Interesse usw.),
- der externe Pol, den wir als Situationsfaktor bezeichnen (Aufforderungscharakter, Anreizwert, emotionale Valenz der Sache).

Das Motivationsgeschehen ist also abhängig von einem Motiv *und* dem Aufforderungscharakter der Situation. Man nimmt an, daß in diesem Wechselwirkungsverhältnis das Motiv eine allgemeine Aktivierung des Organismus bewirkt, während der Aufforderungscharakter der Situation die Ausrichtung dieses Strebens auf ein ganz bestimmtes Objekt bewerkstelligt.

Diesem *emotionalen Aufforderungscharakter,* der positiven oder negativen Valenz (*Lewin* 1935) einer Sache, kommt im Motivationsgeschehen größte Bedeutung zu. Vereinfacht kann man sagen: Ziele mit positivem Aufforderungsgehalt werden angestrebt und solche mit negativem Auffordeungscharakter werden gemieden. Ein Musterbeispiel hierfür ist das Sexualverhalten, das in hohem Maße anreizmotiviert ist. Es ist festzustellen, daß in Motivationstheorien eine Schwerpunktverlagerung vom *Antrieb* auf den *Anreiz* stattgefunden hat. Der emotionale Wert des Zielzustandes weist eine große dynamisierende Kraft auf. Sehr häufig sind *kognitive* Prozesse der Situationsbewertung und rationale Argumente weit weniger motivierend als der beschriebene *emotionale* Aufforderungscharakter.

3.4.2 Die Neugiermotivation

Von der eben geschilderten anreiztheoretischen Auffassung von Motivation unterscheidet sich das Konzept der Neugiermotivation besonders dadurch, daß ein ständig aktivierter Organismus unterstellt wird. Das Explorationsverhalten wird als primäre Motivation gesehen. Erforschung der Umwelt erfolgt um ihrer selbst willen und dient nicht anderen Zielen, wie Befriedigung von Hunger, Durst usw. Man unterscheidet ein diversives und ein gerichtetes (spezifisches) Neugierverhalten.

Das *diversive Neugierverhalten*, das in monotonen, reizarmen Situationen auftritt, kann als Suche nach Stimulation und Information aufgefaßt werden. Neben den Experimenten zur sensorischen Deprivation (*Hebb* 1955) und Problemen der Isolationshaft ist hier auch an Zustände der Langeweile und des Bedürfnisses nach Abwechslung im Alltag zu denken.

Beim *spezifischen Neugierverhalten (Berlyne* 1974) werden Situationen oder Objekte aufgesucht, die durch die Qualitäten der relativen Neuheit, der relativen Komplexität, der relativen Zweideutigkeit und der objektiven Unsicherheit ausgezeichnet sind. Diese Merkmale erzeugen in der Person eine subjektive Unsicherheit, die durch das Explorationsverhalten vermindert wird.

Im Gegensatz zu dem vorrangig emotionalen Aufforderungscharakter handelt es sich bei der Neugiermotivation um kognitive Merkmale der aufgesuchten Objekte.

3.4.3 Die Leistungsmotivation

Leistungshandeln ist gekennzeichnet durch die Auseinandersetzung mit einem *Gütemaßstab* (Tüchtigkeitsmaßstab, individuelles Anspruchsniveau), der das Kriterium für Erfolg bzw. Mißerfolg bildet.

In der Theorie der Leistungsmotivation von *Atkinson* (1975) werden zwei Hauptkomponenten unterschieden: der intrinsische und der extrinsische Anteil.

Der *intrinsische* Anteil wird aufgefaßt als resultierende Tendenz eines emotionalen Konflikts zwischen Hoffnung auf Erfolg und Furcht vor Mißerfolg. Die Tendenz „Hoffnung auf Erfolg" besteht ihrerseits aus drei Faktoren: dem Erfolgsmotiv, dem Erfolgsanreiz und der subjektiven Erfolgswahrscheinlichkeit. Die Tendenz „Furcht vor Mißerfolg" setzt sich in analoger Weise zusammen aus: Motiv, Mißerfolg zu vermeiden, negativem Anreiz des Mißerfolgs, subjektiver Wahrscheinlichkeit des Mißerfolgs. Die Stärke der intrinsischen Leistungsmotivation ist gleich Tendenz, Erfolg anzustreben minus Tendenz, Mißerfolg zu vermeiden.

Eine Person, die intrinsisch niedrig leistungsmotiviert ist, kann insgesamt doch hochleistungsmotiviert sein, wenn die *extrinsische* Komponente sehr stark ausgeprägt ist. Lerntheoretisch gesehen, kann es sich dabei entweder um positive Verstärkung (Belohnung) oder um negative Verstärkung (Zwang) handeln. Abbildung 37 gibt die vollständige Formel für das Leistungsverhalten wieder.

Leistungsmotivation =

Hoffnung auf Erfolg - Furcht vor Mißerfolg	+	Belohnung oder Zwang
intrinsische Motivation		extrinsische Motivation

Abbildung 37: Summenformel der Leistungsmotivation (frei nach Atkinson)

Intrinsische Motivation liegt also vor, wenn die Tätigkeit aus Motiven gezeigt wird, die in unmittelbarer Verbindung mit der Ausführung der Tätigkeit selbst stehen. Extrinsische Motivation liegt dann vor, wenn (positive) Konsequenzen erwartet werden, die nicht in unmittelbarer Verbindung mit der Ausführung der Tätigkeit stehen.

Beispiel:

- Ein Schüler kann durch den Neuigkeitswert oder die Schwierigkeit einer Aufgabe motiviert werden, sich um eine Lösung zu bemühen.
- Ein Schüler bemüht sich um die Lösung von Mathematikaufgaben, weil die Eltern ihm für eine gute Note ein Fahrrad versprochen haben.

Von den sehr zahlreichen empirischen Untersuchungen sollen zwei Ergebnisse mitgeteilt werden:

- Hochleistungsmotivierte wählen häufig Aufgaben mit mittlerem Schwierigkeitsgrad (realistisches Anspruchsniveau), während Niedrigleistungsmotivierte relativ häufiger zu leichte und zu schwierige Aufgaben bevorzugen (zu niedriges oder zu hohes Anspruchsniveau).
- Erfolg steigert die Leistung bei niedrig leistungsmotivierten Personen, während Mißerfolg ihre Leistungsbemühungen hemmt. Umgekehrt dämpft Erfolg eher die Leistung von Personen mit hoher (intrinsischer) Leistungsmotivation, während Mißerfolg ihre Leistungsbemühungen steigert.

3.4.4 Die suggerierte Erfolgszuversicht

In der Suggestopädie haben Aussagen über Emotionen und Motivation einen wesentlich höheren Stellenwert als solche über kognitive Prozesse. Autorität und Prestige des Lehrers schaffen bei Schülern eine Atmosphäre des Respekts und Vertrauens. In diesem „befreienden und ermutigenden Kommunikationsprozeß" kommt es zu einem Abbau der antisuggestiven Barrieren (speziell der sog. intuitiv-affektiven). Dies ist die Voraussetzung für die „positive Suggestion von Erfolgszuversicht". Entspannungsübungen, Lernkonzerte und andere ästhetische Komponenten tragen zu einer „streßfreien Lernatmosphäre" bei. Bei Lehrer und Schüler herrschen positive Erwartungen vor, die sich als „Sich-selbst-erfüllende Prophezeiung" dann tatsächlich realisieren können.

In dieser Auffassung wird zunächst die Bedeutung des emotionalen Aufforderungscharakters des Lehrstoffes und der Lernatmosphäre sichtbar. Die außerordentliche Bedeutung der Attraktivität des Lernens wird sonst weitgehend unterschätzt. Dieser Erfolgsanreiz in Verbindung mit der suggerierten Erfolgswahrscheinlichkeit könnte zu einem Aufbau des Erfolgsmotivs führen, während gleichzeitig die Furcht vor Mißerfolg reduziert wird. Wesentlich ist allerdings, daß die suggerierte Erfolgszuversicht dann auch zu dem erwarteten Ergebnis führt.

3.5 Handlungstheorien

Eine zentrale Stellung in Handlungstheorien nimmt der Begriff Handlungskonzept ein. Man versteht darunter einen Plan, der die spätere Handlung antizipiert. Solche Handlungsentwürfe können in mehr sprachlicher oder mehr bildhafter Form entwickelt werden.

Der Abschnitt gliedert sich in folgende Punkte:
1. Kernannahmen von Handlungstheorien
2. Das Handlungskonzept
3. Inneres Sprechen und innere Bilder
4. Emotional-motivationale Seite der Antizipation.

3.5.1 Kernannahmen von Handlungstheorien

Wieder ist einleitend zu erwähnen, daß es in der Psychologie keinen einheitlichen Theorieentwurf zum menschlichen Handeln gibt. Manchmal ist vom „idealen Handelnden" die Rede. Handeln wird dann folgendermaßen beschrieben: Der Mensch wird als Subjekt gesehen, das sich selbst Ziele setzt oder vorgegebene Ziele verfolgt. Handlungen sind die Mittel zur Erreichung dieser Ziele. Die Handlungen sind „wählbar", d.h. es bestehen Handlungsalternativen und sie sind „willkürlich", d.h. sie werden willentlich oder absichtlich eingesetzt. Dies macht den „subjektiven Sinn" der Handlung für den Handelnden aus. Ein Handelnder ist verantwortlich für das, was er tut. Die Handlung wird gesteuert durch einen „Plan", der eine Antizipation der späteren Tätigkeit darstellt.

Nach dieser Auffassung sind Handlungen *Mittel*, die einem bestimmten *Zweck* dienen, der außerhalb der Handlung liegt (Zweckrationalität). Handlungen können aber auch wegen ihres Eigenwertes ausgeführt werden (Wertrationalität).

Beispiel:
- Die Anwendung moderner Agrarmethoden dient dem Zweck, höhere Ernteerträge zu erzielen.
- Ein Mensch spielt Klavier aus Freude an der Musik. Das Musizieren ist in diesem Fall Selbstzweck und dient nicht weiteren Zwecken (z.B. Vorbereitung für eine Aufnahmeprüfung an einem Konservatorium).

Handlungstheorien beschreiben menschliche Aktivität meist als auf Gegenstände oder Menschen bezogen (z.B. Herstellung eines Werkstückes oder Beeinflussung eines Gesprächspartners), d.h. die Mittel-Zweck-Relation steht im Vordergrund des Interesses.

3.5.2 Das Handlungskonzept

Aus der Vielzahl der Gesichtspunkte soll hier nur der Begriff des Handlungskonzeptes herausgegriffen werden.

Ein Zusammenhang zwischen den Kognitionen/Emotionen der Person und der späteren Handlung wird durch die Entwicklung eines Handlungskonzeptes hergestellt. Ein solcher Handlungsplan ist die mentale Antizipation der äußeren Aktivitäten. Im Gegensatz zur Außensteuerung durch Reize beim Reiz-Reaktions-Lernen und beim Instrumentellen Lernen spricht man hier von einer *internen Handlungssteuerung* (Abb. 38).

Abbildung 38: Das Handlungskonzept als Grundlage interner Handlungssteuerung

Handlungskonzepte können eine einzelne, konkrete Handlung betreffen oder eine ganze Klasse ähnlicher Handlungen. In diesem Fall handelt es sich um ein *Handlungsschema.*

Die Gesamtheit der einer Person zur Verfügung stehenden Handlungskonzepte (Pläne) bezeichnet man als *Handlungskompetenz.*

Menschen sind in außerordentlich unterschiedlicher Weise zu einem „effizienten Handeln" (*Volpert* 1974) befähigt. Pläne für effizientes Handeln sind durch drei Merkmale gekennzeichnet: Sie sind realistisch, stabil-flexibel, organisiert. Häufig läßt die Aufgabenstruktur (z.B. die industrielle Produktionsweise) nur „partialisierte Handlungen" (*Volpert*) zu, bei denen die Handlungsplanung und -kontrolle in starkem Maße verringert sind.

Da schulischer Unterricht häufig nicht auf umfassende Tätigkeitszusammenhänge ausgerichtet ist (Problem der Partialisierung) und Eltern aus Ängstlichkeit die möglichen Freiräume ihrer Kinder einengen, haben zahlreiche junge Menschen keine optimalen Bedingungen zur Entwicklung einer eigenständigen und selbstverantwortlichen Handlungsregulation.

3.5.3 Inneres Sprechen und innere Bilder

Aus dem Bereich der Psychotherapie sollen im folgenden zwei Begriffe kurz vorgestellt werden: „innerer Dialog“ (*Meichenbaum*) und „Innenbilder“ (*Lazarus*).

Meichenbaum (1979) untersucht das „innere Sprechen“ und seine späteren Auswirkungen auf Denken, Fühlen und Handeln.

Luria (1961) unterscheidet drei Stadien, wie Kinder die Ausführung bzw. Unterbrechung von willentlichem, motorischem Verhalten sprachlich kontrollieren: Im ersten Stadium steuert die Sprache der Erwachsenen das Verhalten des Kindes; im zweiten Stadium ist das laute Sprechen des Kindes der entscheidende Verhaltensregulator; im dritten Stadium übernimmt das nichtgeäußerte, d.h. innere Sprechen eine selbststeuernde Rolle.

In der „kognitiven Verhaltenstherapie“ nach *Meichenbaum* geht es darum, die Klienten zu veranlassen, „mit sich selbst zu sprechen“ (vergleichbar dem dritten Stadium von *Luria*). Hierzu bedarf es eines „Trainings in der Selbstanweisung“. Durch solche Übungen werden kognitive Strategien vermittelt und der Klient lernt, „wie er denken soll“. „Der Schwerpunkt der Therapie liegt auf dem gedanklichen Inhalt des Symptoms, nämlich den irrationalen Schlußfolgerungen und Prämissen“ (S. 183). Allerdings genügt ein „positives Denken“ alleine nicht. Ein selbstkontrollierender Einfluß wird nur durch Einüben von Selbstanweisung und zusätzlich durch ein Anwendungstraining erreicht.

Lazarus (1980) betont, daß „Innenbilder“ seelisches Wohlbefinden, Selbstwertgefühl und menschliches Handeln wesentlich beeinflussen. „Imagination in der Therapie“ nutzt die „Macht der Vorstellungskraft“. Durch eine bestimmte Technik (Steigerungstechnik) wird der Klient in einem entspannten Zustand aufgefordert, sich ein spontan auftauchendes Bild in unterschiedlicher Schärfe und Intensität vorzustellen. Das gleiche geschieht mit allen weiteren Einfällen (assoziative Vorstellungsbilder). Ziel des Verfahrens ist letzten Endes die Herstellung „erfolgsorientierter Vorstellungsbilder“. Die Entwicklung von „Selbstvertrauen und Geschicklichkeit“ erfolgt durch „Probehandeln in der Vorstellung“. „Eine starke Phantasie erzeugt das tatsächliche Ereignis“ (S. 53). Besonders bei der Überwindung von Ängsten zeigt sich die Wirksamkeit der „Bewältigungs-Phantasie“. Zusammenfassend läßt sich sagen, daß durch den Einsatz der Vorstellungskraft und die Erzeugung innerer Bilder ein Gefühl der persönlichen Macht und Kontrolle gewonnen wird.

Auch bei sportlichen Leistungen kann *mentales Training* (*Syer/Connolly* 1987; *Porter/Foster* 1987) die körperliche Übung ergänzen und die Leistungsfähigkeit u.U. erheblich verbessern. Die Grundannahme besteht darin, daß der detaillierten (inneren) Visualisierung der sportlichen Leistung in einem Zustand der Entspannung, verbunden mit (autosuggestiven) positiven Gedanken und Erwartungen, eine starke dynamisierende Kraft innewohnt.

3.5.4 Emotional-motivationale Seite der Antizipation

Handlungstheoretische Gesichtspunkte spielen in der Suggestopädie eine völlig untergeordnete Rolle. Der mit Autorität und Prestige ausgestattete Lehrer organisiert wie im öffentlichen Schulwesen allein den Unterricht. Projektmethoden u.ä. sind nicht vorgesehen. Allenfalls in der Aktivierungsphase kommt es zu Ansätzen einer eigenständigen Handlungsregulation. Der Lerner wird nicht angeleitet, Handlungs*pläne* zu entwickeln. Die emotional-motivationale Seite der Antizipation in Form von erfolgsorientierten Vorstellungsbildern spielt allerdings eine große Rolle.

3.6 Problemlösen

Problemlösen kann als Sonderfall planvollen Handelns aufgefaßt werden. Es lassen sich verschiedene Formen problemlösenden Denkens unterscheiden. Die Grundlage des Lösens von Problemen ist ein synthetisches und produktives Denken.

In diesem Abschnitt werden folgende Gesichtspunkte besprochen:
1. *Problem und Aufgabe*
2. *Verschiedene Problemlösetheorien*
3. *Synthetisches Denken*
4. *Kreative Gestaltung der Aktivierungsphase*

3.6.1 Problem und Aufgabe

Beim (effizienten d.h. erfolgreichen) planvollen Handeln wird ein flexibles Handlungskonzept unter Wahrung der Ziel- und der Zeitperspektive in der tatsächlichen Handlung realisiert.

Problemlösen kann als Sonderfall des planvollen Handelns aufgefaßt werden, der dadurch gekennzeichnet ist, daß wegen eines Hindernisses (Barriere) das Ziel nicht auf direktem Wege erreicht werden kann.

Ein Problem ist durch drei Komponenten gekennzeichnet:
- Unerwünschter Anfangszustand
- Erwünschter Zielzustand
- Barriere, die die Überführung des Anfangszustands in den Zielzustand im Augenblick verhindert.

Vom *Problem* ist die *Aufgabe* zu unterscheiden. Eine Aufgabe wird unter Verwendung unseres bisherigen Wissens (Regeln) handelnd bewältigt. Eine besondere Art von Aufgabenlösung stellt die Anwendung eines *Algorithmus*

(= genaue Verfahrensvorschrift) dar. Ein Beispiel hierfür ist das Telefonieren aus einer Telefonzelle. Zur Lösung eines Problems benötigen wir Problemlöseverfahren (Heurismen). Heurismen sind „Suchanweisungen", die die Lösung zwar nicht gewährleisten, sie aber wahrscheinlicher machen.

3.6.2 Verschiedene Problemlösetheorien

Wieviele Formen problemlösenden Denkens man unterscheiden soll, ist strittig. Im folgenden werden fünf Formen kurz vorgestellt.

1. Problemlösung durch Versuch und Irrtum

Besonders bei unübersichtlichen Problemsituationen neigen wir zu dieser Art des Problemlösens. Die *Informationsfülle* verhindert eine kognitiv anspruchsvollere Lösung. Allerdings liegt bei Menschen selten ein blindes Ausprobieren vor. Häufig zeigt sich, wenigstens ansatzweise, ein strategisches Denken in Form der sukzessiven Hypothesenprüfung. Die pädagogische Bedeutung dieses Verfahrens wird meist unterschätzt. Es ist durchaus sinnvoll, Schüler dazu anzuleiten, eine nicht überschaubare Information zunächst durch eine Reihe von Fragen anzugehen.

2. Problemlösen durch Umstrukturieren

Diese Auffassung von Problemlösen geht auf die Gestaltpsychologie zurück. Ein Problem weist eine schlechte Gestalt auf, die im Individuum eine Spannung erzeugt, welche aufgelöst werden kann, wenn die schlechte Gestalt in eine gute Gestalt umgewandelt wird. Die Lösung eines Problems besteht in der *Umstrukturierung* (Umwandlung) der defekten Struktur in eine gute Struktur. In diesem Zusammenhang spricht man auch von *Problemlösen als Klärungsprozeß*. Das Problem ist unklar, verwirrend, unüberschaubar und die Lösung klar, einfach, überschaubar. Eine andere Bezeichnung hierfür ist *Problemlösen* durch *Einsicht*. Einsicht bedeutet das plötzliche Erfassen der Beziehungen zwischen den Elementen der Problemsituation („Aha-Erlebnis"). Problemlösen durch Umstrukturieren kann einmal durch plötzliches „Umkippen" der Sichtweise der Problemsituation (vergleichbar einer Kipp-Figur) erfolgen oder es kann in unterscheidbaren Phasen ablaufen (*Duncker* 1963).

Der Entwicklung der Lösung geht die Entwicklung des Problems voraus. „Das Fortschreiten der Lösung kann als sukzessive Umformung des Problems aufgefaßt werden. Die präziseste Fassung des Problems ist zugleich seine Lösung" (*Oerter* 1971, S. 151).

3. Problemlösen durch Anwendung von Strategien

In der Spieltheorie versteht man unter einer Strategie einen Handlungsplan, der für jede Spielsituation die zu treffende Entscheidung festlegt. Anders als bei einem Algorithmus, wo genaue *epistemische Regeln* zur Anwendung gelangen, handelt es sich bei der Strategie um *heuristische Regeln*, um Suchanweisungen zur Problemlösung. Besonders bei Anwesenheit eines Gegenspielers i.w.S. erkennt man, daß diese Entscheidungsregeln flexibel anzuwenden sind. Globale Strategien sind vom Ziel aus nach rückwärts gerichtet und determinieren Teilstrategien. *Bruner/Goodnow/Austin* (1956) haben besonders auf zwei Strategien hingewiesen: die sukzessive Hypothesenprüfung und die Focus-Strategie.

4. Problemlösen durch Systemdenken

Dörner u.a. (1983) untersuchen menschliches „Handeln in Komplexität und Unbestimmtheit".

Solche Problemsituationen sind
- komplex, d.h. sie weisen viele Aspekte auf,
- teilweise intransparent, d.h. manche Informationen fehlen,
- vernetzt, d.h. es bestehen Abhängigkeiten zwischen den einzelnen Elementen,
- eigendynamisch, d.h. Veränderungen sind (auch) systembedingt,
- polytelisch, d.h. es bestehen mehrere, einander z.T. widersprechende Einzelziele,
- durch einen offenen Zielzustand gekennzeichnet, d.h. das Ziel ist nicht eindeutig festgelegt.

Zur Lösung solcher Probleme ist ein *lineares Denken* (Denken in Ursachen-Wirkungs-Ketten) ungeeignet. Erforderlich ist ein *Systemdenken* (komplexes Denken in Netzen).

5. Problemlösen durch Kreativität

Kreativität kann unter zwei Gesichtspunkten betrachtet werden:

1. Der erzeugte Nutzeffekt (kreatives Produkt); 2. Bedeutung für die Persönlichkeit (kreativer Prozeß).

Der erste Aspekt steht bei der Anwendung der Ergebnisse der Kreativitätsforschung auf Entscheidungs- und Innovationsprozesse des industriellen Managements ganz im Vordergrund, während im Bereich der Pädagogik der zweite Gesichtspunkt vorrangig ist.

Kreativität ist keine einheitliche Leistungsfähigkeit. Es gibt verschiedene Niveaus von Kreativität (z.B. situationsspezifische Produktion von witzigen Einfällen; *Einsteins* Relativitätstheorie).

Kreative Problemlösungen sind häufig durch zwei Merkmale ausgezeichnet:
- Ideenfülle
- seltene (originelle, ungewöhnliche) Einfälle.

Statt von kreativem Denken spricht man manchmal auch von *divergentem Denken*. Bei einem solchen abweichenden Denken werden mehrere – auch unübliche – Lösungswege erwogen und ggf. auch das ursprüngliche Ziel in Frage gestellt. Der Gegenpol wird als *konvergentes Denken* bezeichnet. Hier wird das vorgegebene Ziel nur mit einer ganz bestimmten Lösung erreicht.

Bei der Beschreibung des Prozesses kreativer Problemlösung lassen sich verschiedene Phasen unterscheiden (vgl. auch *Ulmann 1968*):

1. „*Problematisierung.* In dieser einleitenden Phase werden die Probleme erkannt, die Widersprüche aufgespürt, Selbstverständlichkeiten in Frage gestellt, Lücken im Wissen und in der Erfahrung identifiziert und bisher als unbezweifelbar hingenommene Gewißheiten zurückgewiesen...
2. *Exploration.* Hierbei wird das Problemfeld von verschiedenen Punkten aus erforscht.... So können Erfahrungen, Informationen und Wissensbestände umstrukturiert und organisiert werden. Diese explorative Phase endet nicht mit Entscheidungen. Vielmehr bleiben alternative und sogar widersprüchliche Betrachtungsweisen und Erklärungsversuche gleichberechtigt nebeneinander bestehen....
3. *Inkubation.* Dies ist der bisher noch am wenigsten erforschte Abschnitt eines kreativen Prozeßablaufs. In dieser Phase kommt es scheinbar zu einem von emotionaler Entspannung begleiteten Vergessen des Problems. ...Dabei vollzieht sich eine nicht in Sprache übersetzte, sondern anschauliche oder symbolhafte Neuorganisation von Erfahrungen und Versuchen. Diese dem äußeren Anschein nach ruhige Inkubationsphase stellt die unmittelbare Vorbereitung der
4. *heuristischen Regression* dar. Sie ist subjektiv durch das Erlebnis spontan auftauchender Lösungsmöglichkeiten gekennzeichnet, mit denen spielerisch ungebunden umgegangen wird, die verändert und ergänzt, die probeweise akzeptiert und wieder verworfen werden. ...Das Zurückgleiten auf eine gewissermaßen kindliche und dramatisierte, zugleich vieldeutige Realitätsbegegnung schafft das anspruchsentlastete, norm- und konventionsbefreite Operationsniveau, auf dem sich die kreative Idee ausbilden kann. Durch die abschließende Auswahl der aussichtsreichsten Lösungsidee wird die heuristische Regression beendet. Damit beginnt die neue Phase der
5. *Elaboration.* In der Phase der Elaboration wird der in der heuristischen Regression gefundene, unfertige Lösungsansatz systematisch ausgearbeitet und in eine Sprache übersetzt, die für diejenigen verständlich ist, die gleichfalls vor das Problem gestellt sind und die zugleich Nachfrager und Nutznießer der Lösung sind. Die kreative Idee wird kommunizierbar.
6. *Diffusion.* Diese letzte Phase scheint mit dem kreativen Prozeß nur noch oberflächlich zusammenzuhängen. Sie ist dennoch von großer Bedeutung. Diffusion bezeichnet den Prozeß, der eine kreative Leistung ausbreitet und durchsetzt. Damit geht eine gewisse Popularisierung und Einbeziehung in das Alltagsgeschehen einher...“ (Gekürzt aus *Haseloff* 1971, S. 89/90).

Bei zahlreichen kreativen Problemlösungen im Alltag sind die beiden letztgenannten Phasen nur ansatzweise ausgebildet.

Im Rahmen des kreativen Problemlösens kam es zur Ausbildung spezieller Techniken, von denen Brainstorming, Methode 635 und Morphologie die bekanntesten sind.

3.6.3 Synthetisches Denken

Besonders beim Problemlösen durch Kreativität wird der Gegenpol zum analytischen Denken – das *synthetische Denken* – sichtbar. Manchmal spricht man in diesem Zusammenhang auch vom *beziehungsstiftenden Denken*. Bei der Kreativität handelt es sich um die Herstellung von Beziehungen zwischen weit voneinander entfernt liegenden Wissenselementen.

Als Zentrum des kreativen Prozesses gilt die Phase der heuristischen Regression. Eine (scheinbare) Regression (= Rückfall auf eine frühere Entwicklungsstufe) führt zu einem norm- und konventionsbefreitem, spielerisch-dramatischem, quasi-kindlichem Umgang mit dem Problem. Beim Finden der überraschenden Lösungsidee spielt Imagination eine zentrale Rolle. Dieses deutlich irrationale Element wird auch als *Inspiration* bezeichnet.

Wegen der subjektiven Neuartigkeit der kreativen Problemlösung nennt man diese Art des Denkens auch *produktives Denken*. Allerdings können alle Formen von Problemlösen als mehr oder minder stark ausgeprägte produktive Leistungen aufgefaßt werden.

3.6.4 Kreative Gestaltung der Aktivierungsphase

Suggestopädischer Unterricht ist einerseits ein in starkem Maße darbietender Unterricht. Während der Kognitiven und Rezeptiven Phase wird der (meist) fremdsprachliche Lehrstoff in fertiger Form präsentiert. Dadurch wird der Lerner zu einem rezeptiven Lernen veranlaßt.

Andererseits wird in der Aktivierungsphase ein „spielerisch-kreativer, kommunikativer und anwendungsbezogener Umgang mit dem Lernmaterial" angestrebt. Beim „intuitiv-rezeptiven Bewußtseinszustand" (Pseudopassivität besonders beim zweiten Konzert) ist die innere kognitive Repräsentation nicht auf sprachliche Kodierung beschränkt, sondern weist auch imaginative und emotionale Aspekte auf. Es ist anzunehmen, daß diese Imagination die *kreative Gestaltung der Aktivierungsphase* durch Lehrer und Schüler fördert. Ein bewußtes Training des Problemlösens, etwa durch entdeckendes Lernen, als Alternative zum rezeptiven Lernen ist nicht vorgesehen.

3.7 Parabewußte Beeinflussung

In der Kognitiven Psychologie werden meist beabsichtigte, relativ klar bewußte, sprachliche Lernprozesse untersucht. Im Alltag sind häufig auch beiläufige, mehr oder minder parabewußte, nichtsprachliche Lernprozesse zu beobachten.

Dieser Abschnitt gliedert sich in folgende Punkte:
1. *Inzidentelles Lernen*
2. *Lerntheoretische Grundlagen der Werbepsychologie*
3. *Parabewußte Informationsverarbeitung im Alltag und in der Schule.*

3.7.1 Inzidentelles Lernen

Wenn man vom Lernen spricht, denkt man meist an *zielgerichtete* (intentionale) Prozesse. Diese können selbstinitiiert oder von einem Lehrer geplant und in einer bestimmten Weise didaktisch-methodisch organisiert sein. Ein solches Lernen ist in der Regel durch ein hohes Ausmaß von Bewußtheit gekennzeichnet. Ein Beispiel hierfür wäre ein Schüler, der sich bemüht, die Regeln der Bruchrechnung zu erfassen.

Es gibt aber auch eine Erfahrungsbildung, die nicht beabsichtigt ist, das *beiläufige* (inzidentelle) Lernen. Dabei kann es sich entweder um die Verarbeitung peripherer Reize im Rahmen eines zielgerichteten Prozesses handeln oder um ein reines beiläufiges Lernen. Solche Lernvorgänge sind in der Regel nicht in dem Maße bewußt wie das zielgerichtete Lernen. Im Alltag verarbeiten wir Informationen in vielfältiger Weise auf dieser parabewußten Ebene, z.B. was der Nachbar eigentlich für ein Mensch ist und wie wir mit ihm umgehen oder welche Waren bzw. Dienstleistungen wir bevorzugen.

Ein Musterbeispiel für parabewußte Beeinflussung stellt die nonverbale Kommunikation (z.B. durch Blick, Mimik, Gestik) dar. Hierbei ist sehr häufig die Information sowohl auf der Seite des Senders wie auf der Seite des Empfängers nicht klar bewußt. Eigentlich müßten sich jetzt grundlegende Ausführungen über Interaktion und Kommunikation anschließen. Statt dessen soll die vom Adressaten nicht bewußt wahrgenommene Beeinflussung am Beispiel der Werbung demonstriert werden. Das beabsichtigte inzidentelle Lernen auf der Seite des Konsumenten ist in diesem Falle professionell geplant.

3.7.2 Lerntheoretische Grundlagen der Werbepsychologie

Man unterscheidet drei Arten von Werbung: Die produkt- oder dienstleistungsbezogene Absatzwerbung, die firmenbezogene Imagewerbung und die allgemeine öffentlichkeitsbezogene Public-Relations-Werbung (z.B. nicht firmenbezogene Werbung für die Kernenergie).

Unter den verschiedenen Ansätzen der Werbepsychologie soll eine in starkem Maße lerntheoretische Auffassung ausgewählt werden, bei der Fragen der Absatzwerbung im Vordergrund stehen.

Die Beeinflussung des Konsumentenverhaltens kann durch *Information* und durch *Steuerung* erfolgen. *Kroeber-Riel/Meyer-Hentschel* (1982) definieren

Werbung als „Steuerung des Konsumentenverhaltens". Diese Steuerung ist eine Beeinflussung, die durch zwei Merkmale ausgezeichnet ist: 1. Sie wird nicht durchschaut und 2. Man kann sich ihr nicht entziehen. Wir wissen zwar in einer konkreten Situation, daß wir Werbung ausgesetzt sind, durchschauen aber nicht die beabsichtigte Werbewirkung. Die Frage der Wirksamkeit der Werbung kann hier nicht detailliert behandelt werden. Es kann vermutlich unwidersprochen gesagt werden, daß auch ein kritischer Konsument, der versucht, rationale Entscheidungen zu treffen, außerordentlich häufig impulsiv und gefühlsmäßig handelt.

Als lerntheoretische Erklärung für ein solches reaktives Kaufverhalten läßt sich die Theorie des Reiz-Reaktions-Lernens heranziehen (*Pawlow* 1926, *Watson* 1924). Das (erweiterte) Modell soll am Beispiel eines aus heutiger Sicht nicht vertretbaren Experimentes von *Watson/Rayner* (1920) veranschaulicht werden.

„Der neun Monate alte Albert spielte gern mit einer weißen Ratte. Er war ein besonders ausgeglichenes Kind. In Vorversuchen hatte man festgestellt, daß nur zwei Reize in der Lage waren, bei ihm Angst auszulösen: das plötzliche Wegziehen der Unterlage und plötzliche, laute Geräusche.

In dem eigentlichen Lernexperiment wurde, während Albert mit dem Tier spielte, hinter seinem Rücken auf eine Eisenstange geschlagen. Nach einigen Versuchsdurchgängen beginnt Albert beim Anblick der Ratte sofort zu schreien, ohne daß das laute Geräusch erzeugt wurde." (Edelmann 1986, S. 37).

Der *Reiz* (stimulus S) „plötzliches lautes Geräusch" löst angeborenermaßen die *Reaktion* (response R) „Schreien" aus. Wir schließen daraus, daß das Kind Angst hat.

Wird der neue Reiz „Ratte" gleichzeitig mit dem alten Reiz „Geräusch" dargeboten, dann kommt es infolge dieser *Kontiguität* (= Zusammenvorkommen) zu einer *Reizsubsitution* (= Reizersetzung). Der ursprüngliche neutrale Reiz „Ratte" kann die gleiche (oder eine sehr ähnliche) Reaktion auslösen wie der Reiz „Geräusch". Man bezeichnet die alte Reiz-Reaktion-Verbindung auch als unbedingt oder unkonditioniert (ungelernt) und die neue Reiz-Reaktion-Verbindung als bedingt oder konditioniert (gelernt) – Abbildung 39.

Wenn man das inhumane Experiment in Gedanken weiterführt, könnte man gleichzeitig mit dem Reiz „Ratte" (der jetzt die emotionale Reaktion Angst auslöst) einen weiteren Reiz darbieten, z.B. eine Gummiente. Nach der Theorie kommt es wegen der Kontiguität der beiden Reize wieder zu einer Reizsubstition und der Reiz „Gummiente" ist nach einigen Versuchsdurchgängen in der Lage, die Reaktion „Angst" auszulösen. Diesen Vorgang nennt man *Bedingen höherer Ordnung.* Daraus folgt, daß die „alte" Reiz-Reaktion-Verbindung entweder eine angeborene oder eine bereits gelernte sein kann.

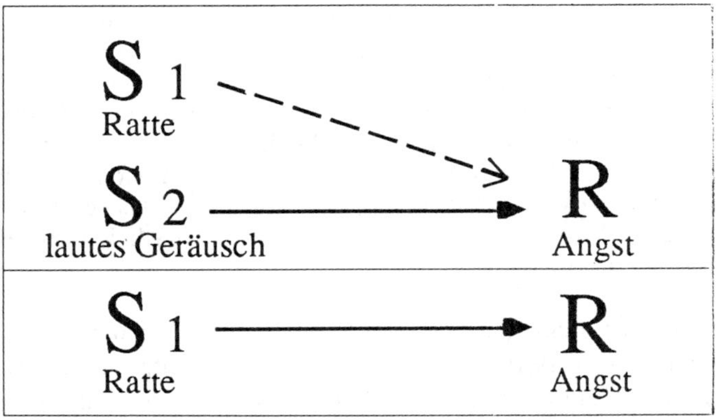

Abbildung 39: Emotionale Konditionierung

Anders als in dem Beispiel mit dem kleinen Albert, bei dem es sich wegen der Angstauslösung um eine aversive Konditionierung handelt, geht es in der Werbung darum, daß der ursprünglich neutrale Reiz „Produktname“ (S1) mit positiven emotionalen Reaktionen verbunden wird. (Abb. 40).

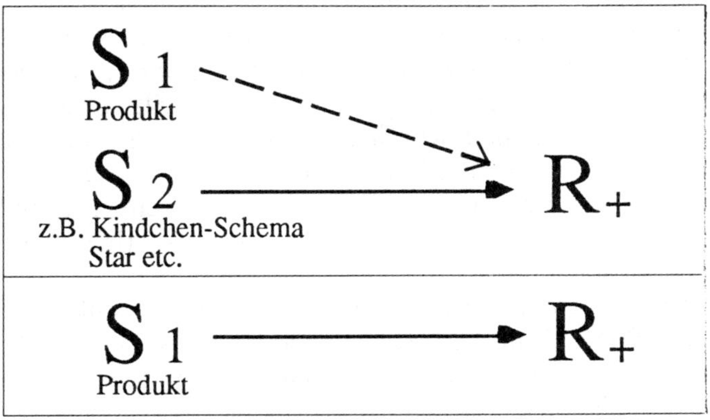

Abbildung 40: Gezielter Einsatz des Reiz-Reaktion-Lernen in der Werbung (R_+=positive emotionale Reaktion)

Beim Einsatz des Kindchen-Schemas (z.B. pausbäckige Kinder, junge Tiere) handelt es sich um eine angeborene Reiz-Reaktion-Verbindung, während die emotionale Wirkung eines Sportidols oder eines Schlagerstars kaum genetisch determiniert sein dürfte.

„Wir müssen uns... klar machen, daß zwei Prozesse ineinandergreifen, wenn die Einstellung des Konsumenten konditioniert wird:
1. Prozeß: Die Konditionierung der Wortbedeutung. Ein Markenname wie ‚XY-Kaffee' wird durch fortwährende Darbietung zusammen mit angenehmen Reizen emotional aufgeladen. Er erhält für die Umworbenen dadurch eine positive Bedeutung.
2. Prozeß: Die Auswirkung auf das Verhalten. Die emotionale Aufladung des Markennamens führt zu einer Änderung der Einstellung. ‚XY-Kaffee' wird aufgrund der stärkeren positiven Haltung tatsächlich vorgezogen..." (nach Kroeber-Riel/Meyer-Hentschel 1982, S. 119).

Ein grundlegender Begriff dieser Auffassung von Werbung ist der Begriff *Zusatznutzen.* Ein Produkt hat für den Konsumenten einen bestimmten Nutzen (z.B. Mit Mehl kann man Kuchen backen, Whisky kann man trinken). Zahlreiche Warengruppen weisen einen handelsüblichen Standard auf und unterscheiden sich qualitativ kaum. Daß der Konsument eine bestimmte Marke bevorzugt, wird wesentlich durch den zusätzlichen Nutzen erreicht, den dieses Produkt bietet. Dieser Zusatznutzen besteht in der emotionalen Konditionierung des Produkts bzw. des Produktnamens. Die Vorzüge einzelner Marken bestehen letztlich im emotionalen Erlebniswert der Ware. In der Werbung spielt der Appell an soziale Motive (Bedürfnis nach sozialem Kontakt, Bedürfnis nach Akzeptanz, Bedürfnis nach Status und Prestige) eine besondere Rolle. Weitere wichtige Gefühlskategorien sind Sexualität, Natur, Gesundheit.

Die Einstellung zu Marken (Produkten) läßt sich ohne sachliche Informationen allein durch emotionale Konditionierung verändern. Sachinformationen werden häufig als nutzlos angesehen und nicht selten nur aus Rechtfertigungsgründen aufgenommen. Scheinbar informative Schriftblocks in Anzeigen („Fließtext") sollen eine Glaubwürdigkeitsillusion erzeugen und vom Konsumenten gar nicht gelesen werden. Diese Maßnahme dient auch dazu, Reaktanz vorzubeugen. Unter Reaktanz versteht man hier einen gefühlsmäßigen Widerstand gegenüber der Werbebotschaft wegen des Erlebnisses des eingeengten Handlungsspielraums.

Die beschriebene emotionale Konditionierung des Produktes erfolgt ganz vorrangig über Bilder. Damit der Konsument beispielsweise mit dem Erwerb eines bestimmten Produktes einen hohen Status demonstrieren kann, wird das Produkt in der Werbung anschaulich als Statussymbol für eine bestimmte Zielgruppe präsentiert.

Während früher der Nutzen des Produktes und sein Preis als wesentliche marktbeeinflussende Faktoren angesehen wurden, geht man heute davon aus, daß in vielen Bereichen die emotionale Konditionierung für den Absatz eines Produktes von ausschlaggebender Bedeutung ist.

3.7.3 Parabewußte Informationsverarbeitung im Alltag und in der Schule

Im Mittelpunkt der beschriebenen Auffassung von Werbung stehen *emotionale Techniken,* die unter Verwendung von *Bildern* realisiert werden. Analog zur firmenbezogenen Imagewerbung treiben auch Parteien, Kirchen usw. Werbung zur Pflege des Erscheinungsbildes der jeweiligen Institution. Ein besonders herausragendes Beispiel zur Darstellung einer Ideologie ist der Fall „Triumph des Willens" von Leni *Riefenstahl.* Noch heute und bei grundsätzlicher Ablehnung der nationalsozialistischen Weltanschauung kann man sich der suggestiven Kraft der Bilder nur schwer entziehen.

Akustische Reize, die von uns beiläufig verarbeitet werden, sind fast allgegenwärtig. Als Beispiel ist die Hintergrundmusik in nahezu allen Dienstleistungsbereichen zu nennen.

Die Untersuchung *olfaktorischer Reize* (Geruchsreize) wird in der Psychologie absolut vernachlässigt. Dabei läßt sich aus den Absatzzahlen der Parfümindustrie ablesen, daß Gerüche im menschlichen Leben eine nicht unbedeutende Rolle spielen.

Während die Theorien der Kognitiven Psychologie schwerpunktmäßig *intentionale Lernvorgänge sprachlicher Art* abbilden, finden sich im Alltag zahlreiche *inzidentelle Lernvorgänge visueller, akustischer und olfaktorischer Art.* Wenn jemand gerne ein bestimmtes Lokal aufsucht, dann ist für diese Entscheidung neben der Wirkung alkoholischer Getränke und der Möglichkeit von Sozialkontakten auch die „Atmosphäre" wichtig. Diese Stimmung wird wesentlich durch die periphere Verarbeitung nicht-sprachlicher Reize hervorgerufen. In solchen Fällen lassen sich die Anteile von bewußter rationaler Entscheidung und von parabewußter Beeinflussung nur schwer bestimmen.

Die parabewußte Beeinflussung des Schülers im normalen Schulunterricht zeichnet sich dadurch aus, daß diese Art der Interaktion auch auf der Seite des Lehrers meist nur in geringem Maße bewußt ist. Dagegen zeigt bereits die Bezeichnung Suggestopädie (= Suggestionspädagogik), daß diese Methode von einer gezielten und professionellen Anwendung der parabewußten Beeinflussung des Lerners ausgeht.

3.8 Ganzheitliches Lernen

Die Suggestopädie wird von ihren Vertretern als ein ganzheitliches Lehrverfahren angesehen, welches in der Lage ist, das Lernen zu optimieren. Während in der Suggestopädie zur Verbesserung des Lernens nur wenige Prinzipien herangezogen werden, bieten die Theorien der Pädagogischen Psychologie eine Fülle von Ansatzpunkten.

Der Abschnitt gliedert sich in folgende Punkte:
1. Der Begriff der Ganzheit
2. Kognitives Lernen ist nicht nur sprachliches Lernen
3. Der Beitrag der Suggestopädie
4. Grundlagenforschung und pädagogisch-psychologisches Denken

3.8.1 Der Begriff der Ganzheit

Im Laufe der Philosophie-, Pädagogik- und Psychologiegeschichte haben sich eine Reihe von ganzheitlichen Konzepten herausgebildet (vgl. den Abschnitt im 2. Kapitel). Jetzt soll versucht werden, den u.a. durch die Suggestopädie wieder in die Diskussion gebrachten Begriff der Ganzheit durch den Begriff der *Komplementarität* näher zu bestimmen. „Komplementär" bedeutet hier „sich in bestimmter Weise gegenseitig ergänzend". Ein Lernen soll dann ganzheitlich genannt werden, wenn gegensätzliche Aspekte als sich notwendigerweise ergänzend gesehen werden. Dabei handelt es sich in der Regel nicht um eine Dichotomie, sondern um ein Kontinuum. Beispielsweise sind Lernprozesse nicht entweder sinnvoll oder mechanisch, sondern mehr oder minder sinnvoll bzw. mechanisch. Einige Beispiele aus einer weit größeren Anzahl solcher polarischer Dimensionen sind

verbal – bildhaft (oder sprachlich – nichtsprachlich)
rational/analytisch – intuitiv/imaginativ
aussageartig – analog
sinnvoll – mechanisch
rezeptiv – entdeckend
kognitiv – emotional/motivational
individuell – sozial
Anstrengung – Entspannung
linkshemispärisch – rechtshemisphärisch usw.

Als ganzheitlich kann demnach ein Lernen angesehen werden, wenn es beispielsweise sowohl verbale als auch bildhafte, sowohl rezeptive als auch entdeckende Aspekte ausweist.

Dabei brauchen einzelne dieser Gesichtspunkte nicht propagiert zu werden, da sie sowohl im schulischen Unterricht, wie auch im Alltag ganz häufig realisiert werden. Andere dagegen sind in den Theorien der Pädagogischen Psychologie und der Unterrichtswissenschaft sowie in der Unterrichtsorganisation nur als randständige Phänomene bekannt.

So kann man vielleicht die in Schulen i.w.S. häufigste Form der Wissensvermittlung als „verbal übermittelte Begriffe und Regeln ohne konkrete Erfahrung an einzelne Lerner" beschreiben. In diesem Fall ist das Lernen sinnvoll oder mechanisch (je nach Art der individuellen Kodierung), rezeptiv, verbal (und vermutlich rational-analytisch), in starkem Maße kognitiv (bei Vernachlässigung emotional-motivationaler Aspekte), individuell und meist mit Anstrengungen verbunden. Leicht lassen sich die alternativen Gesichtspunkte nennen, deren zusätzliche Berücksichtigung (gleichzeitig oder in einer zeitlichen Sequenz nacheinander) ein ganzheitliches Lernen ausmachen würde.

Ein anschauliches Beispiel für die Ergänzung des rational-analytischen Bewußtseinszustandes durch den intuitiv-imaginativen bietet die folgende didaktische Maßnahme im Rahmen des Kunstunterrichts der Grundschule.

Innerhalb eines systematischen Lehrgangs wird die übliche Art der Vorbereitung einer Unterrichtsstunde von Zeit zu Zeit durch ein andersartiges Vorgehen ersetzt. Nach einer (rational-analytischen) Besprechung der Aufgabe werden die Kinder aufgefordert sich zu entspannen und die Augen zu schließen. Es erklingt eine langsame und ausdrucksstarke Pop-Melodie (Pink Floyd: Wish you were here). Die Kinder öffnen die Augen erst wieder, wenn innere Bilder augetaucht sind. Anschließend beginnen sie mit der Bildgestaltung.

Zwei Effekte konnten beobachtet werden: Die Produktionen waren insgesamt kreativer und standen auf einem höheren Niveau als sonst und besonders leistungsschwache Schüler zeigten deutlich verbesserte Ergebnisse.

Die Forderung, bei der Organisation von Lehr-Lern-Prozessen grundsätzlich ein *dialektisches Prinzip* ins Auge zu fassen, stellt Praktiker allerdings vor eine schier unlösbare Aufgabe. Die Pädagogische Psychologie (und noch mehr die Allgemeine Psychologie) sind noch weit entfernt von einem integrierten Modell menschlichen Lernens. Das wird drastisch deutlich, wenn man bedenkt, daß Informationen über Kognitionen, Emotionen und Motivationen in der Regel in verschiedenen Büchern zu finden sind.

3.8.2 Kognitives Lernen ist nicht nur sprachliches Lernen

Bei der Untersuchung menschlicher Informationsverarbeitung steht die Untersuchung sprachlicher Lern- und Gedächtnisprozesse ganz im Vordergrund. Im folgenden soll innerhalb der Dimension „sprachliches versus nicht-sprachliches Lernen" das Prinzip der Komplementarität etwas ausführlicher betrachtet werden. Ein anschauliches Beispiel für relativ praxisnahe Feldforschung bietet das folgende Abstract (Düker/Tausch 1957).

Problem:

1. Wird das Auffassen und Behalten von Unterrichtsstoffen durch gleichzeitige Darbietung von Anschauungsmaterial günstig beeinflußt, falls dies zutrifft, in welchem Ausmaß?
2. Wirken sich verschiedene Grundformen der Veranschaulichung, und zwar die

Darbietung der bildlichen Darstellung des Gegenstandes, des naturgetreuen Modells und des realen Gegenstandes unterschiedlich auf das Auffassen und Behalten aus?

Versuchsdurchführung und Ergebnisse:

1. Versuch:
Vpn waren 110 Schüler der 5. Volksschulklasse. Sie wurden in 10 Gruppen zu je 11 Vpn aufgeteilt. 5 Gruppen bildeten gemeinsam die Anschauungsgruppe und die restlichen 5 Gruppen die Kontrollgruppe.

Der dargebotene Stoff war eine Schilderung von Bau und Lebensweise der Küchenschabe und der Wasserwanze. Die Informationen wurden über Lautsprecher von einem Tonband abgespielt. Die Darbietung dauerte 9 Minuten. Die Kontrollgruppe hörte nur den Tonbandvortrag. Die Versuchsgruppe erhielt zusätzliches Anschauungsmaterial. Diese Schüler bekamen zu Beginn der Darbietung ein Brett mit einer präparierten Küchenschabe und einer Wanze. Die Kinder wurden nicht ausdrücklich darauf hingewiesen, das Material anzuschauen. Am Ende des Vortrages wurden die Präparate eingesammelt.

Um unmittelbare Nachwirkungen des Wahrgenommenen zu verhindern, wurde allen Vpn im Anschluß ein Film vorgeführt (15 Minuten). Anschließend erhielt jeder Schüler einen Fragebogen mit 20 Fragen zum dargebotenen Stoff. Zur Beantwortung standen 15 Minuten zur Verfügung.

Ergebnis:
Die Gruppe, die zusätzlich Anschauungsmaterial erhalten hatte, zeigte hochsignifikant bessere Leistungen als die Kontrollgruppe. Dieser Befund dürfte kaum überraschen, während das Ergebnis des 2. Versuchs höchst interessant ist.

2. Versuch:
Vpn waren 145 Kinder zwischen 10 und 12 Jahren. Die Kinder wurden in 15 Gruppen von 9-12 Personen aufgeteilt. Vor Beginn der Darbietung wurde ein Gedächtnistest durchgeführt. Außerdem wurden die Vpn befragt, ob sie schon einmal ein Meerschweinchen gesehen, angefaßt oder mit ihm gespielt hätten.

Die Informationen wurden über Lautsprecher dargeboten. Es handelte sich um einen naturkundlichen Vortrag über das Meerschweinchen. Die Untersuchung lief nach folgendem Plan ab:

1. Vier Gruppen hörten nur die Tonbandaufnahme. (Kontrollgruppe)
2. Vier Gruppen wurde zusätzlich ein lebensgroßes Bild vom Meerschweinchen gezeigt. (Anschauungsgruppe „Bild")
3. Vier Gruppen konnten ein ausgestopftes Meerschweinchen sehen. (Anschauungsgruppe „Modell")
4. Drei Gruppen sahen ein lebendes Meerschweinchen in einem Glaskasten. (Anschauungsgruppe „Realer Gegenstand")

Um Nachwirkungen des Dargebotenen zu verhindern führte der VL anschließend mit den Gruppen ein Gespräch über Freizeit. Der Nachtest erfolgte 4 Tage später in Form eines Fragebogens mit 20 Fragen (15 Minuten).

17 Kinder wurden bei der Auswertung ausgeschieden, da sie schon mit Meerschweinchen gespielt hatten oder da ihre Werte sehr stark vom Mittelwert abwichen.

Ergebnis:
Kontrollgruppe (n = 32)

Mittelwert der Punkte für richtige Angaben	11,77
Anschauungsgruppe „Bild“ (n = 32)	
Mittelwert der Punkte für richtige Angaben	12,89
Steigerung des Behaltens gegenüber der Kontrollgruppe	9,5%
Anschauungsgruppe „Modell“ (n = 32)	
Mittelwert der Punkte für richtige Angaben	14,12
Steigerung des Behaltens gegenüber der Kontrollgruppe	20%
Anschauungsgruppe „Realer Gegenstand“ (n = 26)	
Mittelwert der Punkte für richtige Angaben	16,56
Steigerung des Behaltens gegenüber der Kontrollgruppe	40,7%

Das bedeutet:
1. Die Gruppe „Bild“ zeigte keinen statistisch gesicherten Leistungsanstieg gegenüber der Kontrollgruppe.
2. Die Gruppe „Modell“ wies einen signifikanten Unterschied zur Kontrollgruppe auf.
3. Bei der Gruppe „Realer Gegenstand“ war der Unterschied zur Kontrollgruppe hochsignifikant.
4. Innerhalb der Anschauungsgruppen bestand hinsichtlich der Behaltensleistungen ein signifikanter Unterschied zwischen der Gruppe „Realer Gegenstand“ und den Gruppen „Modell“ und „Bild“.

Bei dieser Studie stoßen wir wieder auf die Frage, wie sich die wahrgenommenen Gegenstände und Vorgänge im menschlichen Bewußtsein darstellen, oder wie man auch sagt, wie sie repräsentiert sind.

Bruner (siehe: *Bruner/Olver/Greenfield* u.a. 1971) unterscheidet drei Formen dieser inneren Repräsentation:
- die handlungsmäßige Darstellung
- die bildhafte Darstellung
- die symbolische Darstellung

Beispiel:
- Die handlungsmäßige Darstellung (Repräsentation) eines Knotens besteht aus dem gewohnheitsmäßigen Handlungsschema des Knüpfens oder Bindens (Krawatte, Schnürsenkel).
- Die innere bildhafte Darstellung besteht aus dem Vorstellungsbild eines Knotens vergleichbar der Abbildung in einem seemännischen Lehrbuch.
- Die symbolische Darstellung ist durch das Wortklangbild oder das Schriftbild „Knoten“ gegeben.

Unter dem Begriff der handlungsmäßigen Darstellung verbergen sich zwei unterschiedliche Erscheinungen. Es ist sinnvoll, eine motorische Kodierung (z.B. Lenken eines Zweirades, handwerkliche Fähigkeiten) von einem handelnden Umgang mit Dingen zu unterscheiden. Die handlungsmäßige Repräsentation in der zweiten Bedeutung ist bei jüngeren Kindern von großer Bedeutung. Noch in der Grundschule wird beispielsweise das Theme „Gemüse“ in folgender Weise optimal behandelt: Anlegen eines Gemüsebeetes, Aufzucht und Pflege der Pflanzen, Ernte, Kochen einer Gemüsesuppe, Verzehren der Speise. Eine rein sprachliche Präsentation des Lehrstoffes ist der Informationsverarbeitung im Kindergarten- und Grundschulalter völlig unangemessen. Auch eine zusätzliche Veranschaulichung durch äußere Abbildungen ermöglicht nicht die Verarbeitungstiefe wie der aktive Umgang mit dem Lehrstoff. *Bruner* ist der Meinung, daß die Übersetzung der Inhalte von einer Darstellungsform in eine andere ein wichtiger Anreiz für die kognitive Entwicklung sei. So spielen bei dem Thema „Gemüse“ neben dem Handeln auch das Sprechen, Schreiben und Zeichnen eine wichtige Rolle.

Während handlungsmäßige Repräsentation in neueren Theorien der kognitiven Psychologie praktisch nicht vorkommt, findet die bildhafte Darstellung unter dem Begriff der dualen Kodierung sehr zögernd Eingang. Wegen der überragenden Bedeutung der sprachlichen Darstellung werden nichtsprachliche Repräsentationsformen in ihrer Bedeutung meist nicht ausreichend erkannt.

In der pädagogischen Literatur wird zur Förderung der kognitiven Entwicklung häufig die Pflege der Phantasie propagiert. Für die logische Schulung ist der Umgang mit merkmalsarmem Material aber unverzichtbar. Ein Beispiel hierfür ist die Bildung vorsprachlicher Begriffe auf handlungsmäßigem oder bildhaftem Niveau.

Das Sammeln und Ordnen verschiedenfarbiger Steine, glatter und rauher Pelzreste, der Umgang mit den „Logischen Blöcken“ nach *Dienes* usw. sind als Kategorisierungen (Begriffsbildung) eine bedeutende intellektuelle Leistung jüngerer Kinder.

„Ordnen, Gruppieren, Klassifizieren, und zwar durch manuelle Tätigkeiten ist... nicht eine Beschäftigung, die auf vorschulische Institutionen beschränkt bleiben sollte... Kinder, die selbständig auf verschiedene – und auch unübliche – Weise klassifizieren dürfen, müssen beweglich im Denken sein. Jede neue Klassifikationsregel, die sie aufstellen, ist eine Findeleistung, ist produktives Denken“ (Oerter 1971, S. 29).

Detaillierte bildhafte Vorstellungen können sprachlichen Wissenserwerb fördern (Beispiel: Veranschaulichung von Unterrichtsstoffen), sie können aber auch hemmend wirken. Was ein einzelner Berg ist, begreift man am besten, wenn man ihn besteigt (oder ein Bild betrachtet), den (abstrakten) Begriff Berg hat man erworben, wenn man die relationale logische Struktur erfaßt hat (Berg ist das Gegenteil von Tal).

3.8.3 Der Beitrag der Suggestopädie

Die Suggestopädie versucht das Lernen zu *optimieren.* In diesem Zusammenhang können zwei Fragen gestellt werden: Was soll optimiert werden und wodurch soll optimiert werden?

In der suggestopädischen Literatur wird an erster Stelle „schneller lernen – besser behalten" genannt. Weiterhin ist sehr global die Rede von einer „ganzheitlichen Entfaltung der Person des Lernenden".

Die Grundlage der unterstellten Verbesserung des Lernens ist die parabewußte (suggestive) Beeinflussung des Lerners. Ein besonderes Beziehungsverhältnis zwischen Lehrer und Schüler, nonverbale Kommunikation und spezifische Gestaltung der Lernumwelt, Abbau von Lernhemmungen und suggerierte Erfolgszuversicht, entspannte Lernatmosphäre, Pseudopassivität im 2. Konzert und die Herstellung von zwei verschiedenen Bewußtseinszuständen sowie ein großes Ausmaß von Übung sind herausragende Merkmale des Verfahrens.

An dieser Stelle ist noch ein Gesichtspunkt nachzutragen, der neuerdings in der Werbung für suggestopädische Kurse eine Rolle spielt. Es soll der Slogan „Lernen im Alpha-Zustand" etwas genauer analysiert werden.

Bei Messung der elektrischen Hirnaktivität des Menschen zeigt sich beim gesunden Erwachsenen im ruhigen Wachzustand und bei geschlossenen Augen ein α-Grundrhythmus (Wellen von 8-12 Hz, durchschnittlich etwa 10 Hz). Bereits beim Öffnen der Augen treten hochfrequentere β-Wellen (14-30 Hz) auf. Diese Gehirnströme spiegeln die wechselnden Erregungs- oder Aktivierungsniveaus wider.

In der Suggstopädie herrscht die Meinung vor, daß der „Alpha-Zustand" insbesondere durch die Stabilisierung des Ruhepulses bei Darbietung von Musik mit einer Schlagzahl von ungefähr 60 Schlägen pro Minute erreicht wird. In diesem „Zustand tiefer geistiger und körperlicher Ruhe und Ausgeglichenheit" wird eine „besonders hohe Aufnahmefähigkeit des Gehirns" angenommen. Der „Alpha-Zustand" entspricht dem der Pseudopassivität während des 2. Konzerts.

Streßsituationen sind durch ein Ungleichgewicht ausgezeichnet. „Eine Anforderung aus der Umwelt (oder auch aus der Person) geht über ein – wie auch immer definiertes – ‚Normalmaß' hinaus und gibt damit Anlaß zu einer besonderen Bewältigungsreaktion". (*Semmer* 1988, S. 744). Sehr vereinfacht läßt sich sagen, daß „Streß" sowohl zu Höchstleistungen als auch zu Leistungsblockaden führen kann. Dabei stören alltägliche kleine Ärgernisse, ungünstige Arbeitsbedingungen, Zeitdruck, Rivalität in Lerngruppen, Leistungsängstlichkeit usw. komplexe Leistungen mehr als einfache. Während in der Mehrzahl der Streßtheorien zur Verminderung der negativen Streßfolgen ein Abbau der belastenden Umweltkonstellation und ein Training im Umgang mit schwierigen Situationen im Mittelpunkt stehen, ist im Rahmen der Suggestopädie der Gegenpol von Belastung und erhöhter Anstrengung die Entspannung.

Die grundsätzliche Frage lautet, ob ein effizientes kognitives Lernen nur in einem Zustand optimaler Aktiviertheit, gekennzeichnet durch willentliche Daueraufmerksamkeit verbunden mit erhöhter Reaktionsbereitschaft, erfolgen kann (Vigilanz). Dies würde bedeuten, daß die Lernfähigkeit bei Hyperaktivierung (Streß) oder bei Desaktivierung (z.B. Entspannung) in der Regel deutlich absinken müßte. *Dieterich* (1987) konnte nachweisen, daß im (biofeedback-induzierten) Entspannungszustand „etwa 80% der maximalen, konzentrierten Lernleistung" erreicht wurde. Dieser Befund zeigt, daß relativ effiziente kognitive Lernprozesse auch in einem Zustand herabgesetzter Vigilanz möglich sind. Ob es in Entspannungszuständen auch zu einer *Verbesserung* der Informationsverarbeitung im Vergleich zu einer willentlich aufmerksamen und motivierten Lernhaltung kommen kann, ist ungeklärt. Zweifelhaft ist außerdem, ob Entspannung und (Pseudo-)Passivität überhaupt neurophysiologisch als „Alpha-Zustand" anzusehen ist.

Möglicherweise wird im entspannten, ruhigen Wachzustand das Lernen durch den Abbau von Lernblockaden verbessert. Der Lerner ist nicht mehr genötigt, die Wahrnehmung störender innerer oder äußerer Einflüsse abzuwehren. In diesem Zusammenhang ist besonders darauf hinzuweisen, daß Sicherheit und Angst ein antagonistisches (entgegengesetzt wirkendes) System darstellen. Mit dem Gefühl von Sicherheit und Ruhe im Zustand der Entspannung wird Angst abgebaut. Die leistungshemmenden Auswirkungen von Angst sind vielfältig belegt.

Entspannung führt vermutlich nicht unmittelbar zu einer „besonders hohen Aufnahmefähigkeit des Gehirns", sondern erleichtert das Lernen mittelbar durch Abbau von Lernhemmungen, besonders durch Gegenkonditionierung von Angst.

Obwohl sich in der suggestopädischen Literatur nur rudimentäre Informationen über kognitive Prozesse finden, hat die Methode doch insgesamt einen ganzheitlichen Charakter. Dies zeigt sich zunächst in der Betonung des Zusammenhangs von Kognition, Emotion und Motivation. „Körperliches und psychisches Wohlbefinden", „ästhetische Erlebnisse" während der „Lernkonzerte" sowie ein „befreiender und ermutigender Kommunikationsprozeß" sind Gegenpole zu einem vorwiegend kognitiven Lernen.

Die Dimension „aktiv- passiv (pseudopassiv)" führt zur Hervorhebung von zwei verschiedenen Bewußtseinszuständen, dem rational-analytischen und dem intuitiv-imaginativen.

In der suggestopädischen Literatur wird letzterer als „intuitiv-rezeptiv" bezeichnet, was allerdings wegen der verschiedenen Bedeutungsinhalte des Begriffs „rezeptiv" nicht vorteilhaft ist. Es darf auch nicht übersehen werden, daß die Beschreibung dieser Bewußtseinszustände nur in wenigen Schlagworten erfolgt und daß die Ausführungen in diesem Buch eine sehr viel weiterführende Interpretation darstellen.

Lernen kann durch intellektuelle Anstrengungen oder im Zustand von Entspannung erfolgen. Ruhe und Entspannung dienen nicht nur dem Angstabbau, diese Pseudopassivität ist auch die Grundlage der intuitiv-imagnativen Informationsverarbeitung.

Die Komplementarität von bewußt-unbewußt (parabewußt) verweist auf die kommunikative Kompetenz des Lehrers. Eine gezielte, für den Lerner weitgehend parabewußte, Beeinflussung ist bedeutsam für Motivierung und Informationsverarbeitung. Inputreiche Gestaltung der Lernsituation veranlaßt den Lerner vermutlich zu den beschriebenen unterschiedlichen Formen innerer kognitiver Repräsentation des Lehrstoffes.

Zusammenfassend läßt sich sagen, daß in dem suggestopädischen Verfahren eine Reihe von komplementären Gesichtspunkten auftaucht, die in den Theorien der Allgemeinen und Pädagogischen Psychologie so nicht gesehen werden. Besonders hervorzuheben ist die Integration von kognitiven, emotionalen und motivationalen Aspekten des Lernens.

Faktisch wird die Methode fast ausschließlich im Fremdsprachenunterricht angewandt. Dabei spielt das Lernen von Vokabeln und Redewendungen eine große Rolle. Diese Art des Lernens ist im Grunde eine relativ monotone Tätigkeit und wird z.Z. von „ungeübten Lernern" durchgeführt, beispielsweise von Erwachsenen, die nach längerer Zeit wieder einen Kurs belegen. Die angenehme Lernatmosphäre und das suggestopädische Ritual dürften in diesem Fall wirklich das Lernen erleichtern.

Die Suggestopädie ist trotzdem kein „revolutionäres" Lehrverfahren, schon gar nicht *das* „Super-Lernen". Außerhalb des Fremdsprachenlernens ist nicht so sehr die suggestopädische *Methode* von Interesse, sondern die beschriebenen suggestopädischen *Lehr-Lern-Prinzipien.*

3.8.4 Grundlagenforschung und pädagogisch-psychologisches Denken

Die Mehrzahl der im 3. Kapitel bisher vorgestellten Modelle stammen aus der Allgemeinen Psychologie und sind als Beiträge zur Grundlagenforschung anzusehen. Fast alle Untersuchungen wurden unter restringierten Laborbedingungen durchgeführt. Die Vernachlässigung der komplexen Struktur des pädagogischen Feldes (oder der Bedingungen der Massenkommunikation) ergibt sich aus dem experimentellen Verfahren, das besonders durch Künstlichkeit und systematische Bedingungsvariation ausgezeichnet ist. Beispielsweise wird bei der Untersuchung semantischer Netze das Behalten von wenig komplexem Lernmaterial (einzelne Wörter, Wortlisten) durch Messen der Reaktionszeiten beim Wiedererkennen überprüft. Auf diese Weise entstehen *Theorien sehr geringer Reichweite,* d.h. die Theorien bilden ganz spezifische und eng umrissene Lernprozesse ab.

Die Aufgabe der Pädagogischen Psychologie kann in der Bereitstellung, Vermittlung und Anwendung psychologischen Wissens zur Optimierung von Entwicklungsprozessen gesehen werden. Sie gilt als handlungsorientierte Wissenschaft, von der Hilfe bei der Bewältigung pädagogischer Aufgaben und Probleme erwartet werden. Hierbei ist es erforderlich, die beschriebene Art der

Theorienbildung und die Forschungsergebnisse in *pädagogisch relevante Theorien mittlerer Reichweite* zu übersetzen. Dadurch wird die Voraussetzung geschaffen, daß Praktiker veranlaßt werden können, einen *Austausch* zwischen ihren subjektiven (Berufs-)Theorien und solchen wissenschaftlichen Auffassungen vorzunehmen. Immer wieder wird gefordert, neben dieser paradigmatischen Forschung (Paradigma = 1. Kernannahmen einer Theorie und 2. vorherrschendes Forschungsdesign) in verstärktem Maße Fragestellungen der Pädagogischen Psychologie dem pädagogischen Feld zu entnehmen.

Dieses Bestreben könnte vermutlich sehr gefördert werden, wenn zusätzlich zu *naturwissenschaftlichen-experimentellen* Verfahren in der Psychologie wieder *geisteswissenschaftliche* (phänomenologische, hermeneutische, dialektische) Methoden akzeptiert würden.

In der Suggestopädie werden zur Optimierung des Lernens einige wenige Prinzipien herangezogen (suggestive Beeinflussung, Entspannung, zwei Bewußtseinszustände usw.). Das Verfahren zeichnet sich allerdings durch ein hohes Ausmaß vom Integration der einzelnen Aspekte aus. Die Theorien der Pädagogischen Psychologie sind im Vergleich zur Suggestopädie außerordentlich viel differenzierter und bieten eine große Fülle von Ansatzpunkten zur Optimierung des Lernens. Integrierte Modelle für bestimmte Lernarten (z.B. sprachliches Lernen) fehlen aber weitgehend. Einige Beispiele sollen dies verdeutlichen.

– Es besteht ein enger Zusammenhang zwischen Kodierung und Dekodierung. Die kognitive Organisation des Lernmaterials, beispielsweise auch Herstellen zufallsfreier Beziehungen zu Inhalten der kognitiven Struktur, ist von ausschlaggebender Bedeutung für die Behaltensleistung. Je ähnlicher die Abrufsituation der ursprünglichen Lernsituation ist, desto besser ist die Reproduktionsleistung. Daraus ergibt sich das Prinzip der Simulation.

– Je nach Art des sprachlichen Lernmaterials ergeben sich aus verschiedenen Gedächtnistheorien jeweils verschiedene pragmatische Regeln. Beispielsweise sind beim Auswendiglernen häufige Wiederholungen bald nach dem ersten Lernen am wichtigsten. Beim Aufbau von semantischen Netzen sind die Relationen zwischen den einzelnen Begriffen bzw. Regeln zu erfassen. Dies wird durch unterschiedliche sprachliche Formulierungen gefördert.

– Aus der Theorie der Leistungsmotivation nach *Atkinson* ergeben sich folgende Ansatzpunkte zur Intensivierung der Motivation: Erhöhung des Erfolgsanreizes, Schaffung einer ungefähr mittleren subjektiven Erfolgswahrscheinlichkeit, Einsatz der positiven Verstärkung als extrinsische Motivationskomponente usw.

– Aus der Entwicklung der Psychomotorik beim Erstschreibunterricht lassen sich Entscheidungskriterien für die Wahl der Schreibmaterialien sowie für Art und Ausmaß der Übung gewinnen (Edelmann 1984).

– Zum Auf- bzw. Abbau von gewohnheitsmäßigen Verhalten bietet die Theorie des Instrumentellen Lernens (in diesem Abriß nicht behandelt) sehr präzise Aussagen an.

Es ist allerdings ein weiter Weg von der Grundlagenforschung über anwendungsbezogene Modellvorstellungen in der Pädagogischen Psychologie bis zu dem Wissen und den Handlungskonzepten eines Lehrers (Kommunikators). Lernprozesse werden letzten Endes dadurch optimiert, daß Lehrer i.w.S. zu einem anwendungsbezogenen differenzierten *pädagogisch-psychologischen Denken* befähigt sind. Dieses Wissen und Können ist einerseits die Grundlage einer effizienten Unterrichtsgestaltung und andererseits die Voraussetzung zur Beurteilung der Stärken und Schwächen einzelner Methoden, beispielsweise auch der Suggestopädie.

Nachwort

In diesem kleinen Buch steckt mehr Arbeit als man vielleicht erkennen kann. Daß das Manuskript in der relativ kurzen Zeit von knapp sechs Monaten erstellt werden konnte, wurde durch die Unterstützung engagierter Mitarbeiter wesentlich gefördert. Eine Danksagung ist demnach mehr als nur eine Höflichkeitspflicht.

Meiner Frau, Dr. Gudrun Edelmann, verdanke ich wichtige Hinweise auf konkrete Probleme schulischen Lernens und deren Lösungsmöglichkeiten. Die wissenschaftliche Hilfskraft Cornelia Sprigade hat entscheidend bei der Suche und Bearbeitung der umfangreichen Literatur mitgewirkt. Ohne Herrn Schade-Didschies von der Medientechnischen Werkstatt am Seminar für Unterrichtswissenschaft hätten die suggestopädischen Kompaktseminare nicht stattfinden können. Oliver Sprigade, Hannover, zeichnete die Abbildungen 18, 19, 20, 21, 22, 23, 24, 25, 33. Im Original sind das Cartoons in leuchtenden Farben. Unsere Sekretärin, Frau Schmidt, ertrug die dauernden Änderungswünsche am Text mit großer Geduld.

Vom Asanger Verlag habe ich ein außergewöhnliches Ausmaß an Unterstützung erfahren. Hervorzuheben ist auch die Tatsache, daß das Buch in einer wahren Rekordzeit produziert wurde.

Braunschweig, im September 1988

Literatur

Alesandrini, K.L.: Pictorial-verbal and analytic-holistic learning strategies in science learning. Journal of Educational Psychology, 1981, 73 (3), 358-368.

Anderson, J.R.: Kognitive Psychologie. Heidelberg: Spektrum der Wissenschaft Verlagsgesellschaft 1988.

Applegate, R.: Accelerating learning potential. Paradise CA 95969: Paradise School District. An ESEA Title IV-C research project report.

Asher, J.J.: Learning Another Language Through Actions. The Complete Teacher's Guidebook. Los Gatos: Sky Oaks 1982.

Atkinson, J.W.: Einführung in die Motivationsforschung. Stuttgart: Klett 1975.

Ausubel, D.P.: The use of advance organizers in the learning of meaningful verbal material. Journal of Educational Psychology, 1960, 51, 267-272.

Ausubel, D.P.: Psychologie des Unterrichts. 2 Bde. Weinheim, Basel: Beltz 1974. 2. Aufl.: Ausubel, D.P., Novak, J.D. & Hanesian, H.: Psychologie des Unterrichts. 2 Bde. Weinheim, Basel: Beltz 1980.

Baddeley, A.: So denkt der Mensch. München: Droemer Knaur 1986.

Balevski, P.: EEG changes in the Process of Memorization under Ordinary and Suggestive Conditions. Suggestology and Suggestopedia, 1975, 1, 1, 26-36.

Balevski, P. u. Ganovski, L.: The Effect of Some of the Means of Suggestion on the Short-term and Long-term Memory of Students from 11-17 Years. Suggestology and Suggestopedia, 1975, 3, 47-52.

Balevski, P. u. Ganovski, L.: The Volume of Short-term Memory at the Beginning of the Course and the Proficiency of Students Learning Foreign Languages by the Suggestopedic System. Suggestology and Suggestopedia, 1975, 2, 22-28.

Balevski, P. u. Ganovski, L.: Internal dynamics of the EEG – waves in memorizing suggestively given information. Activitas Nervosa Superior, 1977, 19 (4), 319-320.

Ballstaedt, S.-P; Mandl, H.; Schnotz, W. u. Tergau, S.-O.: Texte verstehen, Texte gestalten. München, Wien, Baltimore: Urban & Schwarzenberg 1981.

Ballstaedt, S.-P.: Bericht über das Symposium ,,Knowledge Aquisition from Text and Pictures". DIFF-Journal, 1986, 3/4, 5.

Bancroft, W.J.: The Psychology of Suggestopedia: Or Learning without Stress. Educational Courier, Februar 1972.

Bancroft, W.J.: Education for the future: Or the Lanzanov method revisited. Educational Courier, 1973, 43, 10-14.

Bancroft, W.J.: Suggestology and Suggestopedia: The Theory of the Lozanov Method. Journal of Suggestive-Accelerative Learning and Teaching, 1976, 1, 3, 187-216.

Bancroft, W.J.: Foreign Language Teaching in Bulgaria. Canadian Modern Language Review, 1972, 28, 2, 9-13.

Bartlett, F.C.: Remembering. A study in experimental and social psychology. Cambridge: University Press 1932.

Bauer, H.L. u. Baur, R.S.: Alternative Unterrichtsverfahren: Suggestopädie (Psychopädie). Begleitheft zu einer Video-Mitschau. München: Goethe-Institut 1984.

Baur, R.S.: Die Suggestopädie – eine neue Methode der Fremdsprachenvermittlung. Die neueren Sprachen, 1980, 1, 60-78.
Baur, R.S.: Untersuchungen zum suggestopädischen Fremdsprachenunterricht. Englisch-Amerikanische Studien, 1982, 1, 2, 127-141.
Baur, R.S.: Die Suggestopädie in der Erwachsenenbildung. Zielsprache Englisch, 1982, 4, 4-11.
Baur, R.S.: Die psychopädische Variante der Suggestopädie. In. Bauer, H.L. (Hrsg.): Untersuchungspraxis und theoretische Fundierung. München: Goethe-Institut 1984, 291-336.
Baur, R.S.: (Interview) Lozanov – Wissenschaftler oder Idealist? Neues Lernen Journal, 1986, 1 (4), 42-50.
Baur, R.S.: Kognitives oder imitatives Lernen? Die Methode Gal'perins und die Suggestopädie: Fremdsprachenlernmethode aus dem Osten. München: Hueber 1981.
Beaumont, J.G.: Einführung in die Neuropsychologie. München, Weinheim: Psychologie Verlag Union 1987.
Beer, F.: Report on the school experiment, „Suggestopedia in elementary school". Journal of Suggestive-Accelerative Learning and Teaching, 1978, 3 (1), 21-37.
Belanger, B.: La Suggestologie. Paris: Retz 1978.
Benitez-Bordon, R. u. Schuster, D.: Foreign Language Learning via the Lozanov Method: Pilot Studies. Journal of Suggestive-Accelerative Learning and Teaching, 1976, 1, 1, 3-15.
Benitez-Bordon, R. u. Schuster, D.H.: The Effects of a Suggestive Learning Climate, Synchronized Breathing and Music on the Retention of Spanish Words. Journal of SuggestiveAccelerative Learning and Teaching, 1976, 1, 1, 27-40.
Berendt, J. u. Schuster, D.H.: Mental speeded practice in learning words. Journal of the Society for Accelerative Learning and Teaching, 1984, 9 (2), 113-136.
Berlyne, D.E.: Conflict, arousal and curiosity. New York: McGraw-Hill 1960. Dt.: Konflikt, Erregung und Neugier. Stuttgart: Klett 1974.
Bloom, B.S.; Engelhardt, M.D.; Fürst, E.J.; Hill, W.H. u. Krathwohl, D.R. (Hrsg.): Taxonomy of Educational Objectives. Handbook 1: Cognitive Domain. New York: David McKay 1956. Dt.: Taxonomie von Lernzielen im kognitiven Bereich. Weinheim, Basel: Beltz 1974[4].
Bochow, P. u. Wagner, H.: Suggestopädie (Superlearning). Grundlagen und Anwendungsberichte. Speyer: Gabal 1987[2].
Bower, G.H.: Mood and memory. American Psychologist, 1981, 36, 129-148.
Brownlee, Ph.P.: Suggestopedia in the Classroom. Academic Therapy, 1982, 17 (4), 407-414.
Bruner, J.S.; Goodnow, J.J. u. Austin, G.A.: A study of Thinking. New York: Wiley 1956.
Bruner, J.S.; Olver, R.R.; Greenfield, P.M. u.a.: Studien zur kognitiven Entwicklung. Stuttgart: Klett 1971.
Bruni, C.W.: Body-mind work toward a holistic learning theory based on a psychotherapeutic model. Dissertation Abstracts International, 1977, 39-11/B, 5539.
Bushman, R.W.: Effects of a full and a modified suggestopedic treatment in foreign language learning. Unpublished master's thesis, Brigham Young University 1976.
Bushman, R.W.: An intuitive vs. a rational presentation mode in foreign language instruction. Doctoral dissertation, Brigham Young University 1976.

Buzan, T.: Speed Memory. London: David & Charles 1971.
Capra, F.: Bausteine für ein neues Weltbild. München: Scherz Verlag 1983.
Caskey, O. u. Flake, M.: Suggestive-Accelerative Learning: Adaptations of the Lozanov Method. Texas: Techn. University 1976.
Caskey, O. u. Oxford, P.A.: Mental imagery in early cognitive development. Journal of the Society for Accelerative Learning and Teaching, 1981, 6 (3), 196-205.
Claycomb, M.: Brain Research and Learning. Washington, D.C.: National Educational Association 1978.
Collins, A.M. u. Quillian, M.R.: Retrieval time from semantic memory. Journal of Verbal Learning and Verbal Behavior, 1969, 8, 240-247.
Craik, F.J. u. Lockhart, R.S.: Levels of processing – a framework for memory research. Journal of Verbal Learning and Verbal Behavior, 1972, 11, 671-684.
Deegener, G.: Neuropsychologie und Hemisphärendominanz. Stuttgart: Enke 1978.
Deegener, G.: Überprüfung des Dichotic-Listing-Verfahrens zur Erfassung funktionaler Hemisphärenasymmetrien. Zeitschrift für Kinder- und Jugendpsychiatrie, 1978, 6, 367-383.
Denig, F.: Probleme der Gedächtnispsychologie: Vergessen. Problem der Motivationspsychologie. In: Sprissler, M. u. Weinrich, H. (Hrsg.): Fremdsprachenunterricht in Intensivkursen. Stuttgart: Kohlhammer 1972, 52-62.
Dhority, L.: Die Überwindung von Lernbarrieren und die Kunst der Suggestion. In: Neues Lernen Journal. 1987, 1 (6), 5-22.
Dhority, L.: Acquisition through Creative Teaching: ACT. Sharon: Center for Continuing Development 1984. Dt.: Moderne Suggestopädie. Der ACT-Ansatz ganzheitlichen Lehrens und Lernens. Bremen: PLS 1986.
Dietrich, R.: Lernen im biofeedback-induzierten Entspannungszustand. Zeitschrift für Pädagogische Psychologie, 1987, 1 (2), 99-111.
Dörner, D.; Kreuzig, H.W.; Reither, F. u. Ständel, Th.: Lohhausen. Vom Umgang mit Unbestimmtheit und Komplexität. Bern, Stuttgart, Wien: Hans Huber 1983.
Doyé, P., Heuermann, H. u. Zimmermann, G.: 12. Fremdsprachen-Didaktiker-Kongreß: Die Beziehung der Fremdsprachendidaktik zu ihren Referenzwissenschaften. Tübingen: Gunter Narr Verlag 1988.
Dudel, J.: Funktionen der Nervenzellen. In: Schmidt, R.F. & Thews, G. (Hrsg.): Physiologie des Menschen. Berlin: Springer 1985[22].
Duncker, K.: Zur Psychologie des produktiven Denkens. Berlin: Springer 1935 (Neudruck 1963).
Düker, H. u. Tausch, R.: Über die Wirkung der Veranschaulichung von Unterrichtsstoffen auf das Behalten. Zeitschrift für experimentelle und angewandte Psychologie, 1957, 4, 384-400. Nachdruck in: Weinert, F. (Hrsg.): Pädagogische Psychologie. Köln, Berlin: Kiepenheuer und Witsch 1967, 201-215.
Ebbinghaus, H.: Über das Gedächtnis. Leipzig: Duncker & Humboldt 1885.
Eccles, J.C.: Das Gehirn des Menschen. München: Piper 1979[4].
Eccles, J.C.: Das Rätsel Mensch. München: Reinhardt 1982.
Eccles, J.C.: Die Psyche des Menschen. München: Reinhardt 1985.
Edelmann, W.: Lernpsychologie. München, Weinheim: Psychologie Verlags Union 1986[2].
Edelmann, W.: Zum Schreibenlernen: Tafel oder Heft? Schreibmotorik und Schreibmaterial – eine empirische Untersuchung. Bayerische Schule, 1984, 17, 9-12.

Edwards, J.D.: The effects of suggestive-accelerative learning and teaching on creativity. Journal of the Society for Accelerative Learning and Teaching, 1980, 5 (4), 235-253.
Fassihiyan, A.: The national analysis of „Suggestology“ and its application in the teaching of a foreign language. Dissertation Abstracts International, 42/04-A, p. 1615. Language, linguistics. 1981.
Frydman, M.; Dierkens, J. u. Abels, R.: De la suggestopédie à la prise de conscience du corps. Etude experimentale de deux variables. Langage et l'Homme, 1978, 37 (May), 11-17.
Galin, D. u. Ornstein, R.: Lateral specialization of cognitive mode: An EEG study. Psychophysiology, 1975, 9, 412-418.
Galyean, B.C.: The use of guided imagery in elementary and secondary schools. Imagination, Cognition and Personality, 1982, 2 (2), 145-151.
Gamble, J.; Gamble, D.; Parr, G. u. Caskey, O.: The effects of relaxation training and music on creativity. Journal of the Society for Accelerative Learning and Teaching, 1982, 7 (2), 111-123.
Gazzaniga, M.S. u. LeDoux, J.E.: The Integrated Mind. New York: Plenum Press 1978.
Geschwind, N.: Die Großhirnrinde. Spektrum der Wissenschaft 1979, 11, 127-136.
Gordon, H.W.: Hemispheric asymmetry in the perception of musical chords. Cortex, 1970, 6, 387-398.
Groff, E.R. u. Render, G.F.: The effectiveness of three classroom teaching methods: programmed instruction, simulation and guided fantasy. Journal of the Society for Accelerative Learning and Teaching. 1983, 8 (1&2), 5-14.
Grzybek, P.: Neurolinguistik und Fremdsprachenerwerb. Argumente für eine Aufwertung der rechten Gehirnhälfte des Lerners im Fremdsprachenunterricht. Wiesbaden: Vieweg 1983 (= LB-Papier Nr. 70).
Hales, V.E.: Suggestopedia: Its effect on word identification skills of mildly and moderately retarded children. Diss. Abstracts International, 44/04-A, p. 1053. Education, Special, 1983.
Hart, L.: Human Brain and Learning. New York: Longman 1983.
Hart, L.: How the Brain Works. New York: Basic Books 1975.
Haseloff, O.: Fünf Stufen der Kreativität. Manager-Magazin, 1971, 2, 83-90.
Hebb, D.O.: Drives and the CNS (Conceptual Nervous System). Psychological Review, 1955, 62, 243-254.
Heckhausen, H.: Motivation und Handeln. Lehrbuch der Motivationspsychologie. Berlin, Heidelberg, New York: Springer 1980.
Herkner, W.: Psychologie. Berlin, Heidelberg, Wien: Springer 1986.
Hinkelmann, K.G. (Hrsg.): Superlearning und Suggestopädie. Ausgewählte Aufsätze. Bremen: PLS 1986.
Hinkelmann, K.G. u. Hinkelmann, G.: Der Abbau von Lernbarrieren mit Methoden der Rational-Emotiven-Therapie. Neues Lernen Journal, 1984, 1 (1), 51-65.
Hinkelmann, G. u. Hinkelmann, K.G.: Einige Überlegungen zur Anwendung der Suggestopädie im nicht-fremdsprachlichen Bereich. Neues Lernen Journal, 1987, 1 (6), 31-56.
Hoffmann, J.: Die Welt der Begriffe. Weinheim: Psychologie Verlags Union 1986.
Hughes, M.: Anwendung von Suggestion zur Harmonisierung der Lernbarrieren. Neues Lernen Journal, 1986, 1 (4), 60-72.

Jänig, W.: Das vegetative Nervensystem. In: Schmidt, R.F. & Thews, G. (Hrsg.): Physiologie des Menschen. Berlin: Springer 1985[22].
Johnson, P.L.: The effect of group relaxation exercises on second- and sixth-grade children's spelling scores. Journal of the Society for Accelerative Learning and Teaching, 1982, 7 (3), 239-253.
Jones, R.A.: Self-fulfilling Prophecies. Hillsdale, N.J.: Erlbaum Associates 1977.
Kail, R. u. Pellegrino, J.W.: Menschliche Intelligenz, Heidelberg: Spektrum der Wissenschaft Verlagsgesellschaft 1988.
Kimura, D.: Functional asymmetry of the brain in dichotic listening. Cortex, 1967, 3, 163-178.
Kimura, D.: The asymmetry of the human brain. Scientific American, 1973, 228, 70-78.
Klix, F.: Gedächtnis. In: Asanger, R. & Wenninger, G.: Handwörterbuch der Psychologie, München, Weinheim: Psychologie Verlags Union 1988[4], 213-219.
Knapp, M.: Nonverbal Communication in Human Interaction. New York: Holt, Rinehart & Winston 1972.
Knibbeler, W.: A closer look at suggestopedia and the Silent Way. Journal of the Society for Accelerative Learning and Teaching, 1982, 7 (4), 330-340.
Koeppler, K.: Unterschwellig wahrnehmen – unterschwellig lernen. Stuttgart: Kohlhammer 1972.
Kroeber-Riel, W. u. Meyer-Hentschel, G.: Werbung – Steuerung des Konsumentenverhaltens. Würzburg: Physica 1982.
Kurkov, M.: Accelerated learning: An experiment in the application of suggestopedia. Journal of Suggestive-Accelerative Learning and Teaching, 1977, 2 (1&2), 27-35.
Lahey, L.A.: An empirical test of Suggestopedia and suggestion in language acquisition. Masters Abstracts, 12/03 Education, General, AAD 13-05697. 1974.
Lashley, K.S.: In Search of the Engramm. Symposia of the Society for Experimental Biology, 1950, 4 454-482.
Lazarus, A.: Innenbilder. München: Pfeiffer 1980.
Leathers, D.G.: Nonverbal Communication Systems. Boston: Allyn and Bacon 1976.
Legewie, H. u. Ehlers, W.: Knaurs moderne Psychologie. München: Droemer Knaur 1972.
Lehmann, D.: Musik und Kreativität. Wissenschaftliche Berichte der Karl-Marx-Universität Leipzig, Forschungsstelle für Mnemologie. 1983, 3.
Lehmann, D.: Zur Rolle der Musik in der Suggestopädie. Wissenschaftliche Berichte der Karl-Marx-Universität Leipzig, Forschungsstelle für Mnemologie. 1982, 2, 8-25.
Lerède, J.: La Suggestopédie. Paris: Press Universitaires de France 1983.
Levy, J.: Das Gehirn hat keine bessere Hälfte. Psychologie heute, 1986, 1, 32-37.
Lewin, K.: A dynamic theory of personality. New York: McGraw-Hill 1935.
Lindsay, P.H. u. Norman, D.A.: Einführung in die Psychologie. Berlin, Heidelberg, New York: Springer 1981.
List, G.: Neuropsychologie und das Lernen und Lehren fremder Sprachen. Die Neueren Sprachen. 1982, 81, 149-172.
Lozanov, G.: The Nature and History of the Suggestopedic System of Teaching Foreign Languages and Its Experimental Prospects. Suggestology and Suggestopedia Journal, 1975, 1 (1).
Lozanov, G.K.: Suggestologija i suggestopedija. Diss. Sofia 1970.

Lozanov, G.: Suggestologija. Sofia: Nauka i iskustvo 1971. Engl.: Suggestology and Outlines of Suggestopedia. New York: Gordon and Breach 1979.
Lütjen, H.P. u. Dreessen, P.-M.: Musik im Fremdsprachenunterricht. Neues Lernen Journal 1985, 2 (3), 61-81.
Luria, A.: The role of speech in the regulation of normal and abnormal behaviors. New York: Liveright 1961.
Mandl, H. u. Huber, G.L. (Hrsg.): Emotion und Kognition. München, Wien, Baltimore: Psychologie Verlags Union 1983.
Meichenbaum, D.: Kognitive Verhaltensmodifikation. München: Urban & Schwarzenberg 1979.
Meyers großes Taschenlexikon in 24 Bänden. Mannheim, Wien, Zürich: B.I.-Taschenbuchverlag 1987[2].
Miele, Ph.: Suggestopedia: The Natural Way to Learn. Silver Spring, MD: Utopia Unlimited Publishing Co. 1982.
Milner, B.: Interhemispheric differences and psychological processes. British Medical Bulletin, 1971, 27, 272-277.
Neisser, U.: Kognitive Psychologie. Stuttgart: Klett 1974.
Neisser, U.: Kognition und Wirklichkeit. Stuttgart: Klett-Cotta 1979.
Neson, W.: Experimentation with the Lozanov Method in teaching word retention to children with learning disabilities. Journal of Suggestive-Accelerative Learning and Teaching, 1979, 4 (4), 228-271.
Noučeva, R.: Izmenenija rabotosposobnosti slušatelej, izučajuščich inostrannye jazyki po suggestopedičeskoj metodike. (Veränderungen der Leistungsfähigkeit von Fremdsprachenlernern, die suggestopädisch unterrichtet werden). Metody intensivnogo obucenija inostrannym jazykam, 1973, 88-93.
Nuber, U.: Lernen wie ein Kind. Psychologie heute, 1986, 3, 57-61.
Oerter, R.: Psychologie des Denkens. Donauwörth: Auer 1971.
Ornstein, R.: The Psychology of Consciousness. New York: Harcourt, Brace, Jovanovich 1977[2]. Dt.: Die Psychologie des Bewußtseins. Frankfurt: Fischer 1976.
Ostrander, S. u. Schroeder, L.: Superlearning. New York: Delacorte 1979. Dt.: Superlearning. München: Goldmann 1986[7].
Paivio, A.: Imagery and long-term memory. In: Kennedy, A. & Wilkes, A. (Hrsg.): Studies in long-term memory. New York: Wiley 1975, 57-85.
Paivio, A. u. Desrochers, A.: Effects of an imagery mnemonic on second language recall and comprehension. Canadian Journal of Psychology, 1979, 33 (1), 17-27.
Paivio, A.: Imagery and Verbal Processes. Hillsdale, N.J.: Erlbaum 1979.
Pawlow, J.P.: Die höchste Nerventätigkeit (das Verhalten) von Tieren. München: Bermann 1926.
Pawlow, J.P.: Auseinandersetzung mit der Psychologie. München: Kindler 1973.
Peterson, E.E.: A study of the use of the Lozanov method of accelerated learning in a naval science class-room. Journal of Suggestive-Accelerative Learning and Teaching, 1977, 2 (1&2), 3-10.
Philipov, E.: Suggestopädie – ein Modell ganzheitlichen Lernens. Pädagogische Arbeitsstelle für Erwachsenenbildung in Baden-Württemberg, Ausgabe M für Mitarbeiter, 1981, 11.
Pongratz, L.J.: Problemgeschichte der Psychologie. Bern: Francke 1967.
Popper, K.R. u. Eccles, J.C.: Das Ich und sein Gehirn. München: Piper 1982.

Porter, H. u. Foster, J.: Mentales Training. Der moderne Weg zur sportlichen Leistung. München: BLV-Verlagsgesellschaft 1987.
Prichard, A. u. Taylor, J.: Suggestopedia for the Disadvantaged Reader. Academic Therapy, 1978, 14 (1), 81-90.
Prichard, A.: Suggestopädie: Ein transpersonaler Lernansatz. Neues Lernen Journal, 1986, 2 (5), 52-69.
Prichard, A. u. Taylor, J.: Accelerative Learning: The Use of Suggestion in the Classroom. Novato, CA.: Academic Therapy Publications 1980.
Racle, G.: The Key-Principles of Suggestopedia. Journal of Suggestive-Accelerative Learning and Teaching, 1976, 1 (3), 149-162.
Render, G.F.; Hull, C.R. u. Moon, C.E.: The effects of guided relaxation and baroque music on college students' test performance. Journal of the Society for Accelerative Learning and Teaching, 1984, 9 (1), 33-39.
Roberts, T.B. (Hrsg.): Four Psychologies Applied to Education: Freudian, Behavioral, Humanistic, Transpersonal. New York: Halstedt Press 1975.
Rosenthal, R. u. Jacobsen, L.: Pygmalion in the Classroom. New York: Holt, Rinehart and Winston 1968.
Ruch, F.L. u. Zimbardo, P.G.: Lehrbuch der Psychologie. Berlin: Springer 1975[2].
Russell, W.R.: Brain, Memory, Learning. Oxford: Clarendon Press 1959.
Saféris, F.: Une Révolution dans l'art d'apprendre. Paris: Laffont 1978.
Salomon, G.: Interaction of media, cognition, and learning. San Francisco: Jossey-Bass 1979.
Schank, R.C. u. Abelson, R.P.: Script, plans, goals, and understanding. Hillsdale, N.J.: Erlbaum 1977.
Schenck, K.: Neuropsychologische Befunde nach neurochirurgischen Eingriffen. In: Remschmidt, H. & Schmidt, M. (Hrsg.): Neuropsychologie des Kindesalter. Stuttgart: Enke 1981, 321-329.
Scherer, K.R. u. Wallbott, H.G. (Hrsg.): Nonverbale Kommunikation. Forschungsberichte zum Interaktionsverhalten. Weinheim: Beltz 1979.
Schiffler, L.: Suggestopädischer Fremdsprachenunterricht an unseren Schulen? Neusprachliche Mitteilungen, 1980, 4 (33), 245-251.
Schiffler, L.: Empirische Forschung zur Wirkung der Musik in der Suggestopädie und im Superlearning. brennpunkt lehrerbildung, 1986, 4, 29-30.
Schiffler, L.: Die Experimente Lozanovs zum Behalten von 1000 Wörtern und von peripher erlernten Informationen. Neues Lernen Journal, 1987, 1 (6), 61-71.
Schiffler, L.: Suggestopädie und Superlearning – empirisch geprüft. Frankfurt: Moritz Diesterweg 1988.
Schmalt, H.-D.: Motivationspsychologie. Stuttgart, Berlin, Köln, Mainz: Kohlhammer 1986.
Schmidt, R.F.: Integrative Funktionen des Zentralnervensystems. In: Schmidt, R.F. & Thews, G. (Hrsg.): Physiologie des Menschen. Berlin: Springer 1985[22].
Schnelle, H. (Hrsg.): Sprache und Gehirn. Frankfurt: Suhrkamp 1981.
Schoen, M. (Hrsg.): The effects of Music. New York: Harcourt, Brace and Co. 1927.
Schuster, D.H. u. Vincent, L.: Teaching Math and Reading with Suggestion and Music. Academic Therapy, 1980, 16 (1), 69-72.
Schuster, D.H.: The effects of background music on learning words. Paper given at the Annual SALT Conference, May, 1984.

Schuster, D.H.; Bordon, R.B. u. Gritton, C.E.: Suggestive-Accelerative Learning and Teaching: A Manual of Classroom Procedures Based on the Lozanov Method. Ames, Iowa: Box 1216 Welch Station, 1976.
Schuster, D.H. u. Prichard, R.A.: A two year evaluation of the Suggestive-Accelerative Learning and Teaching (SALT) method in central Iowa public schools. Journal of Suggestive-Accelerative Learning and Teaching, 1978, 3 (2), 108-122.
Schuster, D.: Introduction to the Lozanov Method. Journal of Suggestive Accelerative Learning and Teaching, 1976, 1 (4), 278-293.
Schuster, D.H. u. Gritton, Ch.E.: Suggestopädie in Theorie und Praxis. Bremen: PLS 1986.
Scovel, T.: Review of G. Lozanov: Suggestology and Outlines of Suggestopedy. Tesol Quarterly, 1979, 2 (13), 255-266.
Seki, H.: Experimental application of the SALT method to a large number of students. Journal of the Society for Accelerative Learning and Teaching, 1981, 6 (2), 109-115.
Seliger, H.W.: On the Possible Role of the Right Hemisphere in Second Language Acquisition. Tesol Quarterly, 1982, 16, 307-314.
Semmer, N.: Streß. In: Asanger, R. u. Wenninger, G. (Hrsg.): Handwörterbuch Psychologie. München, Weinheim: Psychologie Verlags Union 1988, 744-752.
Sensenschmidt, B.: Suggestopädie: Befreiung oder größere Abhängigkeit der Lernenden? Neues Lernen Journal, 1987, 1 (6), 23-30.
Serafine, M.L.: Cognition in Music. Cognition, 1983, 2 (14), 119-183.
Shaffer, D.: Suggestopedic Hypermnesia: A Scientific Explanation for the Lozanov Effect. Unveröffentl. Manuskript, Firdausi Universität, Iran, 1977.
Sinz, R.: Gehirn und Gedächtnis. Stuttgart, New York: Fischer 1978.
Sperry, R.W.: The Great Cerebral Commissure. Scientific American, 1964, 210, 42-52.
Sperry, R.W.: Mental Unity Following Surgical Disconnection of the Cerebral Hemispheres. Harvey Lectures, 1968, 293-323.
Sperry, R.W. Hemisphere disconnection and unity in consciousness. American Psychologist, 1968, 23 (10), 344-346.
Sperry, R.W.: Perception in the Neocortical Commissures. Research Publications of the Association for Research in Nervous and Mental Disease, 1970, 48, 123-138.
Sperry, R.W.: Lateral Specialization in the Surgically Seperated Hemispheres. Neurosciences, Third Study Programme, 1974, 5-19.
Sperry, R.W.: Forebrain Commissurotomy and Conscious Awareness. Journal of Medicine and Philosophy, 1977, 2, 101-126.
Stammann-Füssel, M.P.: Suggestopädie. Argumente für ein „anderes" Lernen. Neues Lernen Journal, 1986, 1 (4), 22-35.
Stein, B.L.; Hardy, C.A. u. Toten, H.: The effects of baroque music and imagery on vocubulary retention. Journal of the Society for Accelerative Learning and Teaching, 1982, 7 (4), 341-356.
Stevens, J.O.: Awareness. Moab, UT.: Real People Press 1971.
Stokvis, B. u. Pflanz, M.: Suggestion. Stuttgart: Thieme 1961.
Syer, J. u. Conolly, C.: Psychotraining für Sportler. Reinbek: Rowohlt 1987.
Teuber, M.: Wer hat falsch gerechnet – Lozanov oder seine Kritiker? Neues Lernen Journal, 1987, 1 (6), 57-60.
Thiele, H.: Trainingsprogramm Gesprächsführung im Unterricht. Bad Heilbrunn: Klinkhardt 1983.

Torstadt, H. u. Garry, W.: Suggestopedia. An Advanced Simulation Technique. Norfolk: U.S. Atlantic Fleet Training Center 1977.
Tulving, E.: Episodic and semantic memory. In: Tulving, E. & Donaldson, W. (Hrsg.): Organization of memory. New York: Academic Press 1972, 381-403.
Ulmann, G.: Kreativität. Weinheim: Beltz 1968.
Vannan, D.A.: Adapted Suggestology and student achievement. Journal of the Society for Accelerative Learning and Teaching, 1981, 6 (2), 129-134.
Velvoskij, J.Z.: The Ideas of Method of G. Lozanov in the Eyes of the Psychotherapeutist-Psychohygienist. Suggestology and Suggestopaedia, 1975, 1 (1), 16-21.
Vester, F.: Denken, Lernen, Vergessen. München: dtv 1978.
Vörkel, W.: Psychophysiologische Untersuchungen in der Suggestopädie. Wissenschaftliche Berichte der Karl-Marx-Universität Leipzig, Forschungsstelle für Mnemologie, 1983, 3, 37-55.
Volpert, W.: Handlungsstrukturanalyse als Beitrag zur Qualifikationsforschung. Köln: Pahl-Rugenstein 1974.
Wagner, M.J. u. Tilney, G.: The effects of „Superlearning Techniques" on the vocabulary acquisition and alpha brainwave production of language learners. TESOL Quarterly, 1983, 17 (1), 5-17.
Wall, W. van de: Music in institutions. New York: Russell Sage Foundation 1936.
Watson, J.B. u. Rayner, R.: Conditioned emotional Reactions. Journal of Experimental Psychology, 1920, 3, 1-14.
Watson, J.B.: Behaviorism. New York 1924. Dt.: Behaviorismus. Fachbuch für Psychologie. Frankfurt/M. 1976[2].
Wender, K.F.: Semantische Netzwerke als Bestandteil gedächtnispsychologischer Theorien. In: Mandl, H. & Spada, H. (Hrsg.): Wissenspsychologie. München, Weinheim: Psychologie Verlags Union 1988, 55-73.
Wessells, M.G.: Kognitive Psychologie. New York: Harper & Row 1984.
Wimmer, H. u. Perner, J.: Kognitionspsychologie. Stuttgart, Berlin, Köln, Mainz: Kohlhammer 1979.
Wittling, W.: Funktionale Hemisphärenspezialisierung. Diss. Mannheim 1973.
Yellin, D.: Left Brain, Right Brain, Super Brain. The holistic model. Reading World, 1983, 23 (1), 36-44.
Zeiss, P.A.: A comparison of the effects of Superlearning (TM) techniques on the learning of English as a second language. Journal of the Society for Accelerative Learning and Teaching, 1984, 9 (2), 93-102.